優渥叢書

U0072579

優渥叢書

優渥叢書

如何每天都來一點正能量

1小時學會，卡內基的4種「說故事」感染力！

卡內基訓練 區域總經理
連桂慧◎著

推薦序　熱情造就恆毅力，恆毅造就影響力／黑幼龍　009
推薦序　改變帶來正能量，是喜樂源頭也是良藥／陳誠仁　011
推薦序　用正能量說故事，有效提升溝通品質／黑立言　013
前　言　我是這樣天天孕育正能量的種子，那你呢？　015

第1章　沒有人天生就正面思考、有自信、會表達，而是……　019

什麼是感染力？其實就是透過說話讓氣氛變好　020
上台會害怕？卡內基竟然讓內向的我站上講台　023
因為沒自信？我的二流學校模範生經驗是……　027
脾氣不太好？掌握3要點，讓我講話堅定有條理　031

別人攻擊你？請記得「永遠別對敵人心存報復」 036
失敗情緒很負面？回到初衷才能給挫折迎頭痛擊 038

第2章 當環境很負面時，用6方法使生活充滿正能量

當環境很負面時，用6方法使生活充滿正能量 043
方法1 分享價值觀，瓦解小團體集體私下抱怨 044
方法2 說「我很棒」的事情，破除完美主義的挫折感 051
方法3 說話很直很傷人？「當個評審」誰說缺點不能變優點 059
方法4 天天分享自己的故事，順利化解他人憂慮 065
方法5 傾聽別人的故事，能讓每個人都喜歡你 070
方法6 試著喜歡自己的工作，找回失去已久的快樂 074

第3章

業務領導篇：業績達成、團隊引導的13堂課

業務領導篇：業績達成、團隊引導的13堂課 081
說明會沒人聽？「一直問」讓客戶說出想要什麼 082
問題很棘手？卡內基的4個問號，幫你解決難題 092
部屬不配合？站在對方的立場，並真誠了解狀況 097
目標訂太高？訂目標前，得訴求背後的意義與價值 101
有人落隊了？不是先責備，而是想辦法激發參與感 110
隊友想放棄？這樣說服，就能產生正向改變 115
如何因材施教？分4類型部屬，建立信任機制 125
沒人服從你？激勵式領導提供願景，讓人自動追隨 134
壓力太大？用3個方法排解，展現領導力 145
天花板到了？團隊遭遇瓶頸與挑戰，應多鼓勵少施壓 152

害怕失敗？抱持「盡力就好」的態度，勇敢嘗試 165
只能被討厭？錯！寫卡片傳達謝意，肯定部屬的表現 171
向上溝通出問題？只要出發點是……，就別怕說出口！ 175

第4章
宏效簡報篇：說服客戶、說話有趣的11堂課 181

要上台演講、簡報有正能量，卡內基傳授4重點 182
不想讓人鴨子聽雷，得搞清楚到底誰在聽 191
如何博得滿堂彩？賈伯斯的彩排次數多得驚人 199
開場的目的是聚焦，你可以讚美聽眾、創造懸疑…… 203
想提升可信度？要學會呈現重點、提供證據 208

成功與否內容只占7%，傳達理念必須活用…… 216
切記別嚴肅！互動和親和力，讓台上台下都受惠 221
用聲音展現你的氣勢，用肢體動作帶動全場氣氛 226
說故事、提問題……，激發聽眾反應，產生共鳴 233
聽眾嗆聲令你苦惱？引導對方說出就能化解危機 239
事後蒐集回饋意見，評估表現再精進 249

結論

每天給自己和週遭正能量，跟抱怨、憂鬱說拜拜！ 253

推薦序
熱情造就恆毅力，恆毅造就影響力

卡內基訓練大中華地區負責人　黑幼龍

不久前我們全家人去聽一場演講，兒子、媳婦、女兒、女婿，還有他們的同學、朋友，以及朋友的媽媽都去了。我們提早半小時到會場，只見聽眾早已大排長龍。

演講的主題是「恆毅力」（Grit）。雖然我們從小就知道做事要有毅力、要堅持到底，但不容易做到。社會上普遍認為，聰明的人、能力強的人、家庭背景好的人，成功的機會比較高。但是，心理學家安琪拉・達克沃斯博士的研究分析顯示，恆毅力才是成功的關鍵。

然而，我聽到最興奮的是，熱忱（熱情）越高的人，恆毅力越強。因為我們若是對一件事產生濃厚的興趣，感覺受到這件事很大的影響，毅力與學習成果就會應運而生。

這讓我想到本書的作者連桂慧女士。她持之以恆的學習與成長，從二十多年前參加了卡內基訓練後，又自費來上我教的領導課程。之後做學長，成為卡內基溝通人際關係班的講師，甚至成為教講師的講師。

由於卡內基有很多種核心課程，例如管理、銷售、演講、領導等。連桂慧女士持續學習，參與每一種課程的講師訓練，我很清楚感覺到她的濃厚熱情，更是時常看到她的影響力——週邊的朋友越來越多。

在此過程中，最難能可貴的是，她將這二十多年的心路歷程，包括如何幫助同學、朋友、客戶解決問題，如何發揮影響力，以說故事的方式寫在本書與大家分享。這真是了不起的恆毅力。

讓我們一起來分享她成功的果實。

推薦序

改變帶來正能量，是喜樂源頭也是良藥

戴德森醫療財團法人嘉義基督教醫院院長　陳誠仁

很高興連桂慧老師出了第二本書《如何每天都來一點正能量》。為了寫推薦序，我在工作中抽空讀連老師寄來的稿子，讀著讀著竟完全入神！

過去我對連老師說話的感染力感到折服，而本書的文字不僅帶有同樣的感染力，還活用她二十餘年的教學經驗與點點滴滴的故事，將卡內基訓練的真正精神活靈活現的表達出來了。

特別是上過卡內基課程的人，看本書會有更深一層的體會，因為連老師在文中貫穿的主軸都是卡內基精神。當你閱讀時，似乎能從正面、側面、反面，再次體會到老師上課時不斷提醒的重要原則，而豐富的小故事，也讓這些原則帶出更具體的概念。

同時，連老師在書中毫不保留的分享卡內基的講師訓練過程，以及公司組織的開拓，這讓我瞭解，總是在講台上侃侃而談令學員欽佩萬分的老師們，其實也跟我們一樣經歷了各種困難與挑戰。特別是在自我改變方面，讓我們明瞭成功背後需付出努力的代價。當然，也給我們信心，知道只要願意付出，就可以做得到。

好幾位上過卡內基的同仁，和我一起賞閱連老師的書稿。其中一位看完後跟我分享，連老師的書給我們很好的提醒，當心鬆散了或遭遇挫折時，看一小段就能獲得極大激勵。願你閱讀時也有同樣效果！

推薦序

用正能量說故事，有效提升溝通品質

卡內基訓練執行長　黑立言

為什麼有些企業領導人能讓追隨者任勞任怨、全力以赴，而其他領導人卻經常遇到漫不經心、敷衍了事的員工？

為什麼有些老師的教誨可以改變學生的一生，而其他老師費盡唇舌，卻只能讓學生感到昏昏欲睡？

為什麼有些同事的意見常常得到主管的支持，而其他同事無論怎麼努力，卻總是有志難伸？

為什麼有些業務員的業績時常輕鬆達標，而其他更勤於耕耘的業務員卻處處碰壁？

串連上述這些「為什麼」的核心，就是溝通能力。良好的溝通能力能讓人們信服，進而採取行動。

一九一二年，當戴爾・卡內基在美國紐約基督教青年會創辦「卡內基溝通與人際關係」訓練時，很可能連他自己都沒有想到，有多少人、多少家庭與企業因為溝通能力的提升，而使工作績效增加，與家人的關係更好，甚至生活品質也提高了。

成功大學醫學院前院長黃昆嚴博士，是台灣醫學界極受敬重的前輩，他曾說：「在看病的時候，如果醫生溝通能力好，即便只用了五分鐘，病人還是能感受到關心，並遵照醫生的指示去做。要是醫生不會溝通，即使花了一小時看病，病人仍會覺得不舒服，認為醫生太馬虎。」

本書作者連桂慧是我的同事，她從事卡內基訓練的教學工作已經超過二十年，透過教學相長的力量，收集了許多可以給我們正能量的真實故事。透過這些實例，讀者能找到有效溝通的方法，提昇自己的說服力與影響力，進而成為別人的祝福。

前言
我是這樣天天孕育正能量的種子，那你呢？

自從二〇一五年《說好話的力量》出版後，卡內基的學員或是透過學員介紹看過此書的朋友，甚至是無意間看到此書而結緣的讀者，都給我很特別、很棒的回饋，那就是在工作或是生活中，真的要說好話！無論是對自己，或是和別人溝通互動，說好話都有很大的幫助。

因為工作的關係，我時常需要台灣、大陸兩邊跑，替學員上課或是帶領團隊夥伴一起打拚，生活過得很充實。平常閒暇之餘，除了上臉書發表文章，就是在微信圈與朋友們連絡感情。

近來，常有學員或朋友問我：「奇怪了，每次看你臉書跟微信的分享，總是很正向、很開心，為什麼你每天都可以過得那麼開心？你無論是在上課或是跟團隊夥伴互動，也都一直保持著開心的狀態，讓人感覺到你很愛你的團隊，難道正能量真的那麼強大嗎？人生中的挑戰那麼多，為什麼你總是能有源源不絕的正能量？」

這個問題的答案，便是我出第二本書的原因。聽到學員的問題，我回顧自己這二十幾年來的點點滴滴，不管多忙多累，甚至遇到多麼困難的挑戰，都能用在卡內基學到的正向思維去面對，甚至感染、引導他人。於是，我覺得這些年來自己沒有白活，我的工作相當有價值、有意義，感覺很有成就感。

談到正能量與激勵，我不想用長篇大道理或是引經據典的方式來說明，因為市面上已經有很多這樣的書籍。在本書中，我用自己二十多年來造訪過許多地方，包括台灣卡內基各個地區，以及大陸的上海、杭州、蘇州等所累積的親身經驗，還有我與團隊同仁、學員們互動時的故事案例，來說明如何每天都來一點正能量。

的確，我們在工作或是與人溝通時，都會遇到挫折和不順利，用什麼樣的方法自我激勵，才能勇敢站起來，再次面對挑戰？最棒的方法，就是每一天都為自己充飽能量，這正是我最想分享的重點。

平凡的人生中，其實每個人都可以選擇自己的生活方式，走出自己的路。有些人會選擇過著不快樂的生活，老是把焦點放在別人身上，讓自己一直不開心。有些人會選擇面對人生中的不開心，迎接生活中的各種挑戰，雖然日子過得辛苦，但日後回顧時，會引以為傲的認為自己走過這些很有成就感，能開心的面對未來的挑戰，這就是一種正能量。

出版這本新書，對我而言最有意義的就是，可以讓本書想要傳達的正能量氛圍，陪著各位讀者度過每一天。希望各位看完本書後，在生活和工作上都能有著滿滿的能量。當與人溝通交流時，不論對方是你喜歡或是不喜歡的人，你都不會受到對方的情緒影響，這就是真正的正能量。

溝通，不再只是講道理，而是透過講故事去完成。

第1章

沒有人天生就正面思考、有自信、會表達，而是……

什麼是感染力？其實就是透過說話讓氣氛變好

時常有學員問我，比較會表達、說話具有感染力的人，在交朋友或是工作上是否較佔優勢？的確，這樣的人較有優勢，因為說話感染力強的人尤其具有吸引力。我常和學員說，**正向感染力強的人會讓人產生一種親近感**。

比方說，當充滿正能量的人出現在團體活動中，大家看到他會覺得如沐春風，喜歡跟他互動。其實每個人都需要被帶動，如果一個人每次講話都是很冷、很嚴肅，或老是說負面的話，當他離開這個環境時，大家會像是鬆了一口氣的「如沐春風」。

然而，言語傳達也會影響別人。例如，在卡內基的優勢銷售班，我常常跟學習優勢銷售業務的學員講，在做業務開發時，「說什麼」和「怎麼說」是一樣重要的。說什麼，指的是談論自家公司產品是多麼好。怎麼說，則是指怎麼介紹自家公司產品，讓顧客覺得很獨特或是非買不可。上述都要運用到你的表達力，甚至是感染力。

如果你在很嚴肅的人附近，會感到氛圍自然而然變得嚴肅。相反的，具有感染力的人在附近時，氛圍會開始變得活絡，彼此之間是相輔相成的。我常和學員說，當開會、演講、做簡報或跟顧客談話時，要把主控權拿在自己手上，而非交到別人手上。

假如主控權在別人手上，你只能被動接受對方的情緒、言語對你的影響。倘若你有感染力，週遭氛圍就會掌控在你手上，此時，便可以將氛圍變得更好，或是讓客戶、聽眾更專注聆聽你說話。想做好這個部分，需要「怎麼說」來協助。

所以，感染力真的能幫助我們在工作、交友方面更順利。這不是要你成為強勢的人，要求別人什麼事情都要聽你的，而是能夠帶動、影響或是創造好氣氛，因此具有感染力的人的確比較受歡迎。比方說，親友結婚時，大家都會想邀請這樣的人當主持人。為什麼結婚典禮需要主持人？就是為了帶動氛圍。那麼，該怎麼去帶動氛圍，讓嘈雜人多的場面變得更好？

卡內基有一位講師，天生就適合舞台。他生性活潑，很會講笑話，也擅長創造溫暖、溫馨的氣氛，甚至常常營造出讓別人感動、開心的氛圍。他在做業務的時候，總有許多大客戶支持，就是因為他經常創造出其他人不能，他卻能達成的獨特條件。比方說，他會主持婚禮。

有一次他為大客戶的孩子主持婚禮，很用心的下工夫做準備，他先去了解雙方家長、新郎與新娘的背景，還在婚禮中安排許多讓參與者驚喜、感動且難忘的活動。這位講師的努力使得大客戶更認同他，而持續與卡內基做生意。其實，感染力的確讓我們在處理事情時更加分。

開發客戶也是同樣道理。比方說，卡內基開發客戶的方式有很多種，其中一種是打電話。在別人不認識你的情況下，該如何讓電話另一頭的人願意聽你講下去？因為對方看不到你，所以要在對談中透過表達力，用語調呈現堅定度、專業度與自信，讓對方聽進你的話，增加幫你轉接給高階主管的機會。

有時，要透過簡報來開發客戶。比方說，某家客戶想了解卡內基，會要求我們做簡報。簡報的過程中需要建立良好的第一印象，像是在台上介紹時，是否夠沉穩、有條理？是否堅定的把卡內基和產品的好處表達出來？想做好簡報，除了與表達力有關，也和感染力有關，本書後續章節將會再做說明。你越是擁有能夠影響他人的正向氛圍，越能幫助自己突破困境。

上台會害怕？卡內基竟然讓內向的我站上講台

很多人都重視自己在台上的表現，這可以靠訓練變好嗎？答案是可以。

天生的演講家相當稀少，後天訓練能幫助你在演講時，即使內心緊張，也能完成自己設立的要求。

很多人剛認識我時，都認為我從小就是外向的孩子，其實並非如此。前幾年我母親還在世時曾提到，我小時候非常害羞，每次遇到陌生人就躲在她身後，沒想到長大後竟然成為講師到處演講，她覺得非常不可思議。母親點醒了我，其實很多事情都是經由練習學會。藉由你喜歡的事物，發掘埋藏在內心深處的能力，透過調整練習，讓自己有不同呈現。

為什麼我可以從內向的孩子成為講師，甚至做很多以前想都沒想過的事情呢？這要從小時候的生活經驗說起。

我的父親活潑外向，口才很好，時常受邀上台講話，甚至擔任主持人。三位哥哥各有專長，個個都才華洋溢，相較之下，我則是害羞怕生的。

大哥遺傳了父親的好口條，讀書及運動成績都很優異。大我十二歲的他影響我很深，當我讀小學一年級時，他已經在念大學了。記得小時候每年寒暑假，大哥從台北的學校回來時，都會買很多書給我和三哥看。

某年暑假，發生了讓我至今印象深刻的一件事。那一天大哥照常抱一疊書回來，走到我面前，拿了一本書告訴我說：「這是《一百個好孩子的故事》，你每天要背一篇喔！我回來就要驗收。」大哥交代完後，就去參加暑期活動。

當時的我還是小孩心性，怎麼可能這麼聽話。我背一兩篇後就沒再背了，結果他回來驗收時，我第一和第二篇還背得出來，第三篇就背不出來了。想當然，迎接而來的就是哥哥「有趣」的處罰。

大哥不會打我，那處罰我什麼？他處罰我站在庭院拿著水桶半蹲。那個姿勢不但超級累、手腳超級酸，而且水如果灑出來，就要再重新加水、計時。記得當時媽媽還為我說情：「唉……這樣子很辛苦啊，夏天嘛！外面蚊子多。」但是哥哥還是堅持說：「不能寵，要讓她記住這件事。」

我忍耐著不哭，腳抖得要命。抖了半小時，快不行了時，大哥才讓我把水桶放下來。他說：「你承諾的事情就要去做，而且叫你背書，其實是要你學習好的性格。叫你背不是懲罰你，而是要你增加能力。」經過這件事後，大哥講什麼我都不太敢說不，全都乖乖的做。

我後來觀察，發現哥哥能在任何場合很快成為眾人矚目的焦點，是因為他說話生動活潑，讓聆聽者在腦中簡單想像畫面，產生繼續聽下去的意願。

此外，父親小時候受日本教育，記憶力很好、很會說故事，即使八十幾歲，還記得小學時念過的書、看過的歷史故事。以前，他會用說故事的方式，例如談三國諸葛亮或日本歷史故事，讓我們了解做人處事的道理，以及如何應對眼前的困難。這些生活點滴累積到後來，對我的學習很有幫助。

溝通，不再只是講道理，而是透過講故事去完成。

因此，我養成了喜歡看書的興趣。看書之外，我也愛看電影，電影的故事性和畫面，都是一場場「驚心動魄」的學習。家人的影響讓我喜歡和別人分享，累積與人分享的過程變成站在台上的勇氣，造就在台上自然分享的我。

如果你很內向，其實不用擔心。要給自己一個環境練習，讓自己做不同的嘗試，但是不要過於逼迫，避免產生不好的經驗。多累積成功經驗，就會調整出不一樣的呈現方式。你會發現，不是只有舞台型的人適合站在台上，任何人都可以透過練習，發揮潛力站上講台。

因為沒自信？我的二流學校模範生經驗是……

其實到了初中，我外向的特質還是沒有呈現，一樣非常害羞。初中時期爸爸為了我著想，讓我去念一所很好的女校。這所私立女校挺嚴格，學生考不好就會被體罰，於是我對念書逐漸產生恐懼感，當然分數也就不盡理想。這使得我對繼續升學念高中失去信心，幸好當時大哥說：「你應該要念高中，雖然聯考沒考好，但只要努力就有機會念大學。」我很感謝大哥那時這麼對我說。

升學考試，我考得不太理想，沒有進入第一志願的高中，而是一所讓我非常快樂的學校。那所學校有普通高中部，也有農經科、食品科等，不以升學為名，反而是體育競賽的成績較為出名。

我覺得自己很幸運，高一就遇到生命中的貴人——吳老師。

我們班是男女混班，同學們不是很喜歡念書，但我因為初中時曾被嚴格要求而養成了習慣，所以進入高中後準備第一次月考時，我多少看一些書，沒想到成績名列前茅，體驗到初中時期從來沒有的成就感，這才發現原來念書沒有想像中那麼困難，還滿有意思的。

第二次月考，我依然考得很理想。吳老師是一位充滿了愛的老師，有一天，他對我說：「老師們都在講你，說你這麼認真、優秀，未來考大學沒有問題，或許能考上你喜歡的學校！」老師突然給予我的肯定，讓我開始主動念書，甚至喜歡上它。

人很奇妙，被肯定或是獲得成就感後，就會願意去多做嘗試。比方說，大家都知道，學生寫週記時大多是用抄新聞的方式來撰寫，吳老師是個開放的人，所以我在週記上寫的都是心情故事，老師也都會認真的回應我。於是，我變得比較願意寫東西。

當時學校有個作文比賽正在徵稿，吳老師和我說：「你寫週記的文筆很不錯，不妨參加比賽試試看。」我受到老師話中正面能量的鼓勵，真的鼓起勇氣去參加比賽，並且得了第二名，從此信心大增。這次的經驗讓我發現，只要願意努力，很多能力都會被激發出來。

之後，老師又問我：「你要不要參加模範生競選？」想當模範生，首先要面對的挑戰是上台拉票，這對內向的人來說是非常恐怖的事。要參加競選，就得克服心中的恐懼，於是我回想參加作文比賽的成功經驗，便鼓起勇氣參加了。

模範生競選要上台自我介紹，當時我心想：「我不要制式的自我介紹，要有趣。」雖然我準備了講稿，但不打算逐字背誦，而是用比較幽默風趣的方式，讓別班的同學認識自己。我已經不記得自己說了什麼，只記得過程是輕鬆的，而且時間不長。那一次的經驗對我來說很重要，雖然上台會緊張，但其實沒有想像中的困難。從此之後，我開始練習面對人群講話，即使上台時心臟還是跳得很快，不過漸漸就習慣了。

受到鼓勵及肯定後，即使剛開始的經驗不是那麼好，還是相信未來會一次比一次更好。高中三年間我做了很多原本不會接觸的事情，包括自律的念書、上台演說及寫作。我會投稿校刊，每次投稿也都被刊載，這像是一種肯定，我抱持著這個肯定，開始練習寫文章投稿報紙，並樂在其中。

上大學後，除了學業外，令我印象最深刻的就是打工。暑假我在一家生意很好的影帶出租店打工，店的樓上是ＭＴＶ。所謂ＭＴＶ，就是客人租影帶在店家提供的包廂中欣賞電影。我很喜歡這個工作，因為沒有客人時可以自己看影帶。趁此機會，喜歡看電影的我在那段時間看了很多電影。

此外，我學習到如何跟顧客互動。比方說客人上門，要用熱忱的態度招呼，客滿時要安撫等待的客人。當時我只是下意識覺得應該要這麼做，沒想到這舉動獲得老闆和老闆娘的鼓勵與肯定：「你做得很棒，應對進退都很好。」這讓我更願意去接待顧客。

大學時的打工經驗，的確幫助我增進不少應對能力，並且發現到原來保持微笑、真誠表達，就能讓對方願意聽我說話。在不斷累積經驗後，漸漸變得不害怕人群，後來有機會上台時，看到台下黑壓壓的人群，便能鼓起勇氣，自在的講出自己的想法。

我很感恩高中時期的吳老師，以及大學時期打工的陳老闆夫婦。我們一直保持聯絡到現在，他們深刻影響我的人生。

脾氣不太好？掌握3要點，讓我講話堅定有條理

以前我曾當哥哥的省議員特助，老實說有點像是趕鴨子上架。

省議員這份複雜的工作主要有三件事：第一，省議員是人民選出來的，必須盡其所能的協助解決人民的請託；第二，要處理大大小小的請託，必須經常和官員及相關單位打交道；第三，需要維護人脈，好持續得到人民的支持。省議員特助一職，除了安排省議員的行程外，還要對省議員有足夠的了解。我很感謝這段工作經驗，對我日後的人生歷練很有幫助。

我的哥哥很負責任且自我要求很高，同時也會要求我。他在念完德國漢堡大學的政治學博士後，心懷滿腔政治理想，然而台灣的政治並沒有想像中有規範，想維持工作需要的是與人互動。

在擔任特助的過程中，我學到三件事。**第一件事是自律**。我每天都會接到請託，事情也跟著多起來。當天接的請託，得想辦法當天解決，否則更多請託會接踵而至。在這樣的壓力推動下，我一方面在工作上變得更有效率，另一方面也練習使命必達的能力。省議員要親自去處理重要的事情，當他分身乏術時，必須由特助來補強，於是我得面對許多以往覺得「這不該是我做」的事情，並扛起責任。

舉個我印象深刻的例子。我們的選區在有許多山區的嘉義，當時有個颱風剛離開，留下山區果樹園的慘況。在梅山，果農的園地因為雨勢過大，使得擋土牆遭到破壞，土一直流失，造成果樹無法好好生長。一群果農實在沒辦法，只好向我們請託，希望能爭取經費做新的擋土牆。

我哥哥下令要我去調查水土保持區是否還有經費，在確認還有經費後，他說：「你約一下水土保持區的人，由你帶果農們去請託。」

我愣住問：「怎麼不是你帶，而是我帶呢？」

他回道：「那天我有另一個很重要的請託案。既然水土保持區那裡有經費，你只要把果農們帶去，交代現在的困境並請相關單位撥款，我想應該不會太困難。畢竟，這本來就是政府該幫助農民的事情。」

於是，我和兩方約定時間，浩浩蕩蕩的領著農民抵達水土保持區的辦公室。由於不是省議員親自出面，來的只是特助，導致負責人員不是那麼重視。他們聽完果農分享事情的狀況和現場照片後，只是簡單回覆：「喔……對，那挺嚴重的。嗯，我們再安排，因為目前已經沒有經費了。」

我一聽，當場心頭火了起來，不禁在心裡大聲反駁：「怎麼會沒有經費？明明之前打聽時說有呀！」於是，我開口說：「可是，我聽說是有經費的。」

對方回答：「沒有，現在已經沒有了。」

我想到這些果農手裡照片的慘狀，那些果樹都是果農養家餬口的資本，要是無法做新的擋土牆，他們該如何生活呢？於是，在那位官員推託責任後，我心頭的那把火便越燒越旺——這是以往不曾發生過的。

還記得當時我拍了桌子，當眾將它掀翻，並義正嚴詞的訓了一頓：「為什麼會沒有經費？你們不知道這樣會害他們餓肚子嗎？你們不知道這件事關係到他們的生計嗎？」

沒想到這段話不但起了效果，還把人嚇住了。承辦人員回答說：「好……不要生氣，不要生氣，我們再查看看有沒有多餘的經費可以優先挪出。」

雖然我發了脾氣，用很有氣勢的訓話讓經費成功撥款下來，但對一群年紀比我年長的人如此大聲說話，事後我挺不好意思的。然而這次能達到效果，就是因為我具有氣勢和堅定的精神，讓對方覺得我是使命必達。只不過，這種方法不能常用。

這次的經驗讓我印象深刻之處在於，當我們決心要做一件事，要真的想辦法去說服對方，能夠成功說服對方，才能真正幫助到需要幫助的人。

第二件事是表達方法。當特助的那段時間裡，因為經常要面對面或是打電話請求協助，所以在跟相關部門溝通時，友善的態度中帶著堅定，才能讓對方知道事情的急迫性和嚴重程度。

在與人溝通的過程中，你的堅定和自信會影響對方的感受。假如你用微弱的語氣說話，對方會覺得這不是重要的事。相反的，用堅定的語調說話，對方會覺得你很看重這件事情。

我發現與人溝通有幾個要點：第一，**說話時必須讓人感受到你的真誠，他才會願意將你的話聽進去**，而非用兇惡的語調逼得他關起耳朵。第二，**當對方願意聽之後，要堅定的傳達自己要講的事情**。這樣一來，不僅能提高對方聽進去的機會，同意的機率也會跟著上升。

第三件事是自我打氣。有時我們內在會有害怕的情緒，例如我身為特助，需要帶人民去爭取政府協助，或是請官員幫忙。然而，我不能讓他人察覺自己的害怕，只能悄悄放在心裡。每次面對年紀比我年長的人民或官員時，我都會**自我打氣**，**目的是讓對方覺得我很沉穩**，**腦筋清楚且有條理**。

我經常受邀參加婚喪喜慶。一旦參與就得上台講話，而且不管講多講少，都要用沉穩的台風抓住聽眾的注意力，不能讓人覺得你說話在抖或是語無倫次，語氣必須堅定、有力量。

由於婚慶場合人多口雜，大家在台下準備要吃飯了，基本上祝賀詞只要簡短、有趣，盡快講完就可以下去了。而且，在鄉下會請樂隊或是脫衣舞孃，大多數人的注意力都在表演者身上，根本不太聽你講什麼，只要讓他們知道你是誰，腦海有印象就夠了。

學會如何談話有條理，以及如何沉穩應對，有助於我後來當講師，經常要上台講話時，產生更多正向突破。

別人攻擊你？請記得「永遠別對敵人心存報復」

我是在什麼情況下接觸卡內基？這對我來說是個轉捩點。如前文所述，我曾擔任省議員特助，很多人都認為我很風光，好像什麼事都能應付自如。其實，那時的我沒有自信，心裡很不踏實。雖然每次和人互動或是交際應酬，都表現得信心十足，但我只是武裝自己，所以上台時會有些心虛。每次互動結束後，內心都覺得非常疲憊。

當特助的過程，就像在不斷挑戰我的價值觀。怎麼說呢？從小父母親給我的教育是「你對人家好，人家就會對你好」，但是這在政治方面派不上用場。政治是現實的，沒有永遠的敵人也沒有永遠的朋友。例如你幫忙某個人，但事後他沒有感謝你，反而以殘酷的言語攻擊你。這帶給我很大的衝擊。

這個人並沒有錯，只是選擇了對自己比較有利的做法。不過這對我來說很糾結，因為我從小覺得付出的過程和結果都應該是美好的。後來，在那樣的環境下，我不知道可以相信誰，對人性漸漸產生恐懼，就怕說錯話會帶來意想不到的後果，於是壓力與日俱增。

我很想改變這樣的狀況，卡內基便是我送給自己的生日禮物。當時在嘉義，並沒有太多相關的訊息，幸運的是，某日我在報紙上看到卡內基訓練的介紹，談的是自信與溝通、人際關係、壓力處理、領導力等相關課程，這正是我想要的！雖然不太清楚卡內基是什麼，我還是去報名了。

透過課程，我發現原來真的可以在陌生的場合裡，交到一群真誠的朋友。卡內基「溝通與人際關係」的原則中，第一條「不批評、不責備、不抱怨」、第二條「給予真誠的讚賞與感謝」、第三條「引發他人心中的渴望」、第四條「真誠的關心他人」，都和我父母親給我的教育很像，我從小所學的價值觀在此可充分發揮。雖然只是一個星期學習一次，但這段時間是我最開心的時光。

從卡內基的課程畢業後，可以當「學長」，福利是不必再交學費便能重複學習課程，因此我留下來。當學長時，我把學習到的知識繼續內化，最大的收穫是減輕壓力。比方說，在卡內基「如何停止憂慮，開創人生」的原則中，「永遠不要對敵人心存報復」這條原則，為當時對人性感到恐懼的我，帶來很大的幫助。

失敗情緒很負面？回歸初衷才能給挫折迎頭痛擊

我們在工作和生活上會不會遭遇瓶頸、碰上情緒低落的時候，甚至是天使跟魔鬼跑出來交戰？當然一定有，這是每個人都必經的過程。當你遇到這樣的情形，該如何跟自己對話，如何調整心態？我有一些心得和大家分享。

當你心情低落，或是遇到瓶頸想放棄時，我想和你分享四個字：「莫忘初衷」，**不要忘記你當初做這件事、訂這個目標的目的，千萬別忘了當初的夢想跟願景**。這也是我常提醒自己的。

至今我的人生中有三個轉捩點，第一個是我剛進卡內基大概兩年多快三年時，曾遭遇瓶頸。人在情緒低落時容易負面思考，那段時間的我很負面，總覺得在這裡做事沒有什麼意思，想乾脆離職回家陪父母親。

後來我向主管遞辭呈，大概每兩三天就遞一次，主管很有耐心，每次都會跟我好好談，可是我還是用盡各種方法想離開。在這過程中，我依然覺得很累，腦中總是想不開、想很多。最後，主管大概被我煩到受不了，某一天我再度遞辭呈時，他將我進卡內基時的履歷表給我，要我回去好好看看，要是看了還是不想待在卡內基，他就會准許。

這個動作震撼了我。那份自傳裡寫了想進卡內基的原因，我看了幾遍後，發現自己當初有目標、有夢想要幫助人，並想讓自己有更多突破。冷靜下來後，我問自己這些都做到了嗎？有做到位嗎？

從那時開始，我沒有再提離職，直到現在待了二十二年。**「莫忘初衷」能讓我們找回初心，適時問自己是否還保有當時的夢想與熱情**。

第二個轉捩點在二〇〇八年，我去蘇州開發。因為完全是新的環境，並且要帶新人，對我來說非常有挑戰性。

那時我的雙親都在台灣，我一個星期會打兩次電話回家。有段時間，都是哥哥接電話，我覺得奇怪，問他爸爸去哪裡？他都說爸爸去別人家做客。但是，接下來兩個星期都是如此，於是我問哥哥：「你可不可以告訴我爸爸去哪裡？」

哥哥心想瞞不住了，便坦白跟我說：「爸爸叫我不要告訴你，他生病了，心臟血管塞住。你不要急，他雖然在加護病房，但是這兩天就要轉普通病房了。」我聽完後心急如焚，匆忙把工作安排好，馬上趕回台灣。

趕到醫院看到爸爸後，我一句話都說不出來，心想為什麼他生病時我不在他身邊，感到內疚、很難過，覺得自己不孝。

記得當時爸爸看著我，握著我的手說：「你現在很難過，很怕我死掉，對不對？」我說：「對。」爸爸說：「我跟你講，我不會死的。」我很驚訝爸爸竟如此開朗，他接著說：「你知道為什麼嗎？因為你每天都工作助人，在做幫助別人的事，所以你是有福報的人。你的福報會回給爸爸，所以我不會那麼快就走，你放心。」

這句話有如打開心結的鑰匙，讓我豁然開朗。至今在上課時，我仍會想到爸爸講的：「我們在做幫助別人的事情，這是有意義且有福報的。」所以，即使工作有很多挑戰，我還是能調整回到當時的初心。

第三個轉捩點在二〇一五年時。當時全球卡內基要求品質、服務、教學一致，因此講師都要重新認證，包括講師的培訓師。重新認證需要去日本，用英文交談，但是我的英文不好，而且考核嚴格，所以我心想，反正現在華文部門有好幾位講師都做得很好，那就讓他們去就好，我不用再認證。

不過，我的啟蒙老師（帶我當講師培訓師的李百齡老師）說：「我希望你去，你做自己就好。你本來就具備很精準的想法，可以在教學上幫助講師，所以不要擔心語言的部分，我們會請翻譯。」

後來，我還是去參加認證了。雖然內心很忐忑，不過想到每次上講師訓練時，都跟講師說莫忘初衷，那自己有沒有做到呢？我應該要言行一致。那幾天我全力以赴，不在乎人家怎麼看，或是有多少評審，全心投入在認證活動中。結果認證通過。

在我們低潮、受挫折時，莫忘初衷的確是很有幫助的提醒。

缺點不一定只能當作缺點，它只是還沒找到一個適合的地方。若是將缺點放在對的地方，就能展現意想不到的能力。

第 2 章

當環境很負面時，用 6 方法使生活充滿正能量

方法1 分享價值觀，瓦解小團體集體私下抱怨

沒有一個主管想當壞人，但主管的一言一行的確會影響別人所認同的事情。有時，我們遇到的人與事會不斷考驗我們，到底該走哪條路，該怎麼做。

記得我到杭州時，發現同仁有小團體的情形，也許是過去養成習慣的緣故，導致他們做事比較封閉，督導起來不太容易。那時我幾乎每天都在考驗自己，並自問：「我要繼續下去嗎？政策好像推不動，彷彿用拳頭打在棉花裡面一樣，完全動不了。」

後來我以莫忘初衷的心情，回想最初的信念跟價值觀是為了傳承，所以才到大陸發展，如果都只看到不好的，就無法傳承，更無法堅持下去。所以，我決定花時間跟團隊裡的每一個人談話，了解他們的狀況，再針對不同情形做引導。**當我自己充滿正向力量，每天開心去上班，心情也會影響到團隊，振奮團隊的氛圍。**

其實剛開始，團隊的同仁擔心：「換主管會不會有一些可怕的事情發生」，很沒安全感。所以，當我表現正向的態度想幫他們時，自然很多問題就會迎刃而解，不再覺得窒礙難行。

一直到現在帶團隊時，我還是會跟同仁分享自己的價值觀跟信念：「我的信念是傳承，我在一個地方不會待很久，原因就是希望能把這二十幾年來的能力傳給你們，讓大家都可以獨當一面，我才能繼續前進。我很喜歡幫助別人，但不會墨守成規在一個地方。」

當我這樣跟同仁分享，他們比較有安全感，於是我們打破不同文化的思維與觀念，用真心換真心的方式交流。

連桂慧老師的正能量小故事第①週

當你情緒低落時，什麼能讓你堅持下去？這時，你的價值觀跟信念相當重要。我的價值觀就是傳承，和別人分享。另外，還有一個很重要的信念，就是不放棄、堅持到底。

這兩個信念是我做開發時很重要的支柱。我常和台灣的同仁分享，在大陸開發時，有很多挑戰，很容易發生天使跟魔鬼交戰的情形，因為人跟事不同，文化也不一樣。在大陸，卡內基的知名度不像在台灣幾乎眾人皆知，所以會加倍辛苦。

在這樣的狀況下，如果沒有堅強的意志力及正向的態度，很容易受環境影響，並輕易的被打垮。由於我時常以傳承跟堅持砥礪自己，所以才能繼續開心工作。

人跟事不同，真的會造成很多心理交戰。我記得當年到蘇州時，要面試一位行政同仁，要求是要會開車。當時沒考慮太多，很單純的直接問他：「你有沒有駕照？」他說：「有，擁有駕照四年。」我心想既然有一段時間了，那開車應該挺有經驗的，他的形象也不錯就錄用了。

後來他好幾次都讓車子擦撞到花盆或是地下室，我了解後才得知，原來他從來沒有開車上路過。我問：「那怎麼車齡會是這樣？」他聽了後回答：「車齡跟駕齡是不一樣的。」這就是想法截然不同的狀況。

激勵小語

唯有保持堅強的意志力，堅定信念和價值觀，才能面對更大挑戰。

連桂慧老師的正能量小故事第②週

在教學過程裡，遇到不擅溝通的學員是很正常的。要怎麼做，才能去影響他？有句很有道理的話說：「人們心中都有一扇改進之門，但是門把是反鎖的，除了他自己打開，否則誰也進不來。」尤其身為講師或是領導人物，處理溝通的問題，更要思考有沒有好的方法。

舉例來說，幾年前我曾到一家科技公司替主管上課。這家公司一直都派人來卡內基上課，來上課的人都給我很好的回應，不過有位學員總是抗拒上課。他在公司裡做研發，是很重要的人，但脾氣不太好，常常會用言語誤傷其他人。主管叫他來上課，他威脅說：「我不要上課，如果要我去上課，我就離職！」他的主管很了解他，知道這是在說氣話，於是說：「我會要你上課，不是要你改變什麼，只是希望你過得更開心。卡內基對你有沒有用至少也等上完課，你再告訴我。不要沒去上，就告訴我這對你沒用！」這句話起了作用，於是他來上課了。

第一堂課的自我介紹，學員們都是分享自己的工作，以及為什麼要來上卡內基。但他不同，一上台便說：「我是來混的！因為我是被逼來的，所以能混完就不錯了。」原本講師在學員分享完都會給回應，但是遇到這種狀況，還真難做出回應。

對於他來上課的無奈和不滿，我能夠感同身受，所以我回應：「我很佩服你真實的表達想法，想必你很信任我們，才會坦誠說出想法，歡迎你加入這個班。」當我給他這樣的正向回應時，他嚇到了，想說怎麼會有講師這樣回應。

第二堂課談到影響自己很深的一件事。輪到他上台分享時，他說：「我沒有什麼影響很深的事，我這一生都是這樣混過來的，沒什麼特別的！」說到這裡，大家都愣住了。這時我回應：「你真的不容易，能夠混得這麼好。那你可不可以告訴我，混了這麼久的過程裡，影響你很深的一件事？」他愣了一下後，接著講了一個精彩的故事，一個關於他小時候受到父母親影響的事情。

故事說得很感人，所以我想第三堂課他應該會改變，結果在分享覺得最有成就感的一件事時，他上台說：「我沒有什麼有成就感的事情，我這一生都是這樣混過來的！」這時我笑了，我說：「好，我知道你是來混的，那你能不能告訴我，你最開心、最滿意的事情是什麼？」當我這樣說後，他又開始熱情分享了。

等到第四堂時，他一開場就說：「老師，我不會再講我很混了，我會很認真的講，你不要再那麼正向的對待我了！」後來他很開心來上課，就這樣順利結束。

過了一段時間，他的主管打電話來，說他很驚喜前兩天開會時，這位脾氣不好的同事第一次沒有罵人。之前開會時，他常常都是從頭罵到尾，搞得氣氛很不好。主管對這個結果很感動，在好奇心驅使下，詢問這位脾氣不好的同事：「你今天竟然都沒有罵人！」只見他說：「卡內基不是說不批評、不責備、不抱怨嗎？」雖然他還是冷冷的回答，可是主管知道他的內心已經有所改變了。

遇到不好溝通的人，重要的是你的情緒不能受他影響。另外，你要正面回應，雖然對方不一定會有所改變，但是至少會感受到你的正面能量。

方法2 說「我很棒」的事情，破除完美主義的挫折感

我時常被問到，是否經歷過印象深刻的挫折？當然有。生活中一定會遇到這樣的時刻。大家都知道，在還是菜鳥的時候，經常會發生很多狀況。比方說，想在卡內基當講師，要先經過嚴謹的評選、訓練，然後會有位指導老師帶著你開始正式教課，至少要經過兩次跟課，讓這位老師確定你可以完全掌握這個班級，才會讓你單飛。

此外，在每一次的課後，指導老師會問你兩個問題：第一，你覺得自己今天做得好的事情是什麼？第二，你覺得下一次還要改善的是什麼？等你講完以後，他才會接著補充說明，告訴你可以做得更好或是需要改善的部分。

我記得自己首度教課時，是被指導老師帶著教一週一次的溝通課。我是個自我要求很高的人，然而卻在第三還是第四次的課堂中飽受挫折，總覺得在台上講課時，學員的注意力都不在自己身上。深受打擊之下，我越來越覺得施不上力，連鎖效應下，我在課堂上沒力氣的帶課，學員也跟著覺得上課沒力。

於是，在飽受挫折的課程結束後，我對我的指導老師說：「我不要教了，我覺得自己教得很爛。」

老師回我：「你覺得今天自己做得好的是什麼？」

我對他說：「我看不到自己做得好的，我只看到自己做了很多不好的。」

他依然堅持問：「你要先講你做得好的。你認為你做得好的是什麼？」

我還是回：「沒有，沒有做得好的。」

他又再一次講：「你還是要講你自己做得好的。」

最後，我只好試著講自己做得好的部分：「我做得好的，就是故事講得挺生動的。」

然後指導老師問：「還有什麼呢？」

我說：「我會和學員互動，而且我很喜歡學員。」

這時，他點了點頭：「對啊，這就是你做得好的部分！」

但此時我忍不住反駁：「可是，我還是有做不好的。」

我又開始講一堆自己做不好的地方，而指導老師聽了，沒有給予任何不好的回應。直到我停下，他才說：「對，你的強項就是講故事，當你講故事的時候，讓聽的人感覺很有畫面。我建議你可以多運用這些成功經驗，用故事做輔助。當你在台上發覺沒有人專心聽時，就講故事去吸引大家的注意。」然後老師舉出了三、四個他看到我做得好的地方，當然也還有需要更進一步調整的空間。

當時老師說的，對我日後在教學上有莫大的幫助。讓我明白要善用自己的強項！在教學過程中一定會遇到挫折，老師的建議讓我開始思考，如何讓學員在課堂中覺得有收穫？在準備時，我開始朝這個方向去用心。

隨著時間過去，我發現解**決挫折的方法有二種**。**一是做充分的準備**，因為只要覺得沒有準備好，在台上就會心虛。**二是發揮自己的強項**，我在上課前會看很多書，再看和課程相關的故事，並在課堂上分享一到兩個故事。故事能讓學員留下深刻的印象，除了記住故事外，同時會明白故事要傳達的觀念。在掌握這兩個方法後，從此我在台上變得有力氣多了。

還有一次菜鳥經驗，就是第一次去演講。我對此緊張得不得了，但是在我發現緊張沒有用之後，我開始思考，該如何讓聽眾對我產生好印象，並藉由演講學到好的觀念？

演講長達兩個小時。如果只有我一直在台上唱獨角戲，一定無法讓聽眾維持長時間的專注力。於是，我想到在卡內基裡學到的「下一個指令」，把與學員互動的概念放到演講中，和聽眾做互動，無論是討論或是發表個人看法都好。因此，我在第一次的演講中，設計與聽眾互動的環節，當我講完一段，就讓他們討論，分享自己的想法，於是最後順利結束了。

「人都是支持他參與的事情。」比起演講者一直講，不如讓聽眾一起共同討論。在討論過程中，還能迸出更多的火花。

這兩個經驗讓我發現，**當你要做經驗不足的事情時，絕對不要因為害怕就退縮，而是要用很多的事前準備來建立信心，甚至用自己的強項做發揮**。例如：我擅長說故事；卡內基有位講師擅長提到名人的話及真實案例。

我很喜歡業務開發的工作。為了讓自己開發和教學的能力更進一步提升，我會找機會去學校、社團等地方做演講。透過演講，我能夠認識更多想了解卡內基的人，另一方面還能磨練臨場反應。

舉例來說，有次我去某所學校為老師們演講，在開場前看見不少位老師手拿一大疊考卷，一副準備在聽演講時順便批改的樣子。當時我心想：「看來待會兒的演講很有挑戰性。」接著，開始思索如何讓他們停止埋首改考卷，抬起頭來聽我說話。

這必須靠在台上演講時，內容講述得是否生動，來吸引聽眾的注意力。結果，老師們除了最初校長致詞時改考卷，輪到我上台演講時，都很專心的聽講。他們的反應讓我明白到，我想出的方法是成功的。

經過多次的演講練習，我發覺聽演講的人多半不是花錢而來，他們會不會聽你說，關鍵在於你能否切中他想聽的主題。此外，這有助於講師增進教學時的控場能力，以及進一步掌握學員的學習狀況。

連桂慧老師的正能量小故事第③～④週

提到不太好溝通的學員，我想起曾經教過的青少年班。來上青少年班的孩子年齡約在初、高中左右，大多是被父母親要求來上課，當然就不是那麼心甘情願。

記得有一位總是戴著帽子頭低低的學員，第一堂課時我和學長熱情的和他打招呼，但是他不理睬，直接走到自己的位置。青少年班的學長年紀和學員們差不多，學長對我說：「老師，這個人好冷喔，我們都被他冷到了！」我回應：「沒有關係，我們還是用平常心去看待。」

在課堂上對練時，他也是頭低低的不看人。我走近想去聽聽他怎麼說，發現他還是願意與人分享的，講完後我給他一個很好的回應：「你講話的條理很清楚，很棒喔！」他看了我一眼，沒有任何回應。

第二堂課，他依然戴著帽子，低著頭進來。當同學講話時，他還是低著頭。後來，我發現當同學講的內容較為風趣幽默時，他的嘴角有往上揚，這證明他有在聽，只是不習慣看著人。輪到他上台時仍是低著頭，我說：「班上同學都很想要聽你講話，不要看地上，你練習看著大家，會發現很多同學支持你喔！」他聽了我的話後，看我一眼，嘗試把頭抬起來。雖然沒有完全看著同學，但至少願意把頭抬起來，已經很不錯了。

第三堂課，他一樣戴著帽子低著頭，這時我想做一個新嘗試。我看他總是坐在最後一排的位子，便輕鬆的和他互動說：「你知道有時候換個位子，心情也會不一樣嗎？」結果他真的站起來，往前走兩排坐下。這是一個突破，能讓他有一些改變就很好。這一次上台，不用我跟他講，他就會抬起頭跟大家說話，雖然還是戴著帽子。

到了第四堂課時，他開始會自己坐到前面。我問他：「你戴帽子是因為頭髮造型不好看，還是其他原因？」他沒說話，接著我說：「如果你不是因為頭髮不好看而戴帽子，今天可不可以把帽子摘下來？你的五官長得那麼好看，我們都想看看你！」他聽了也沒說什麼，就默默的把帽子摘下來。我說：「你看，超級帥的！為什麼還要戴著帽子？」

和他聊了一下後，發現他在這堂課開始會看著同學，也多了一些笑容。就這樣持續到畢業典禮，他才說自己一直有自卑感，不願意跟人互動是因為怕被拒絕，所以乾脆先拒絕別人。

在上課的過程中，由於我不是用強迫而是用引導的方式，因此他有勇氣跟大家互動。在同學給予良好的回應後，他便加深信心，包括在台上更有自信的表達，並發現其實沒有那麼困難。最後，他開始喜歡自己，也學會去看別人的優點。

有時對方之所以拒絕你，不是因為他對你有敵意，而是怕受傷害，所以先拒絕他自己。如果你有辦法感染他，讓他正向思考，就會發現讓他對別人、對自己有信心，是在幫他一個大忙。

方法3 說話很直很傷人？「當個評審」誰說缺點不能變優點

認識自己的優缺點很重要。我常和學員分享，缺點未必不好，若能將缺點轉變成優點，就能讓自己有不一樣的表現，更有自信。

我舉自己的例子做說明。我覺得自己很幸運，在進入卡內基讓自己變得更有自信後，真正了解自己到底有哪些優缺點，也因為有自信，才有勇氣逐步修正缺點。

把缺點轉變成優點，是一件很棒的事。像是我講話很直，導致在朋友之間，往往因為話說得太快，讓對方覺得很受傷。後來，我將這個缺點運用在講師培訓上，反倒讓人覺得：「連老師能精準的看到我要改進的地方。」當然，這是因為來受訓的人都已經有一定的程度，真正渴望自己成長，而且通常不會有人告訴高階主管哪裡還需要改進。

我的講話直白找到了適當的場合發揮，成功的把缺點轉成優點。不過，在和朋友、家人互動時，必須提醒自己不能這麼做。

還有我的記憶力很好，不管對方說什麼，我都會牢牢記住。在朋友相處上，有時這不是優點，反倒像是記仇，的確不太好。然而，在課堂上學員會分享自己的故事，我身為講師要給予學員回饋，因此記憶好便派上用場，深刻的回饋能讓學員感動，並覺得老師記得他講過的話。

其實，缺點不一定只能當作缺點，只是還沒找到一個適合的地方。**若是將缺點放在對的地方，就能展現意想不到的能力**。我們該如何提升與生俱來的優點？又該如何將缺點轉換成優點？這兩項都是很重要的課題。

曾有學員問：「自信可以透過練習建立嗎？」我回答：「可以。」以我來說，從來沒有一位小學老師說我是有自信、愛表達的小孩。然而，當我試著表現自己的另一面，並獲得肯定後，便自然會依循成功經驗去突破和改變。

我們之所以請每位學員上台分享，並立即給予回饋和肯定，就是為了強化及建立學員的信心，幫助他們進一步改變及突破自己。這無論是對青少年或是成年人都相當有用。

每個人都有自己習慣的方式，要改變時往往會覺得害怕。**如果在跨出第一步時，**

旁人便給予正面回應，自信心就會慢慢建立起來。這是我從自己的經驗發現到的，直到現在對待我的學員和同仁，也都是這麼做。

連桂慧老師的正能量小故事第⑤週

曾有位事業有成的大公司老闆，每週都要開三、四小時的車來上課，就為了克服他心中的恐懼——上台演講。這位老闆恐懼到只要站上台，就會開始想盡辦法逃開。以往許多商會、社團邀請他擔任會長，他都因為不敢上台講話而一一拒絕。

這次，他下定決心改變，是因為受到一個很大的刺激。他說，有次參加員工的婚禮被安排坐在主賓席，婚禮的司儀跑來對他說：「何總，等一下想邀請您上台致詞給新人祝福。」

當司儀講完，他便開始緊張起來，連飯菜都食不下嚥。後來，他詢問司儀自己是第幾個上台，得到回覆後，等到前面那位站上台講話時，他便緊張的忍不住找個地方躲起來，完全不敢進會場。最後拖延到時間結束才回去，躲過了上台說話的危機。

事後那位員工上班遇到他時說：「何總，我的婚禮非常成功。可是，我有個很大的遺憾，就是沒能在婚禮上得到你當眾的祝福。」

這句話給這位老闆相當大的刺激，他不敢坦白對員工說自己害怕上台。後來再三思考，終於下定決心要改善這個問題。

在上課的過程裡，卡內基講師對於他每次的分享，都會給予肯定和鼓勵，使他越來越有信心。他曾找我討論：「怎麼做才能讓自己的演講或是簡報做得更好？」我鼓勵他：「可以試著找不同的場合做練習，剛開始可能沒辦法做得很好，但若是強迫自己磨練，久而久之，就能抓到其中的訣竅。」

幾年後我再遇到這位老闆，他很高興的對我說：「連老師，你知道嗎？我現在是商會的會長。」我說：「真的嗎？恭喜你！」他說：「而且，現在只要有人邀請，我都樂於上台去分享想法和理念。」我問他：

「你是怎麼辦到的呢？」他回答：「就像連老師你上課時對我說的一樣。找機會上台練習，不管說得好壞，只管不斷磨練，真的就讓我越來越好。」

這是因為他很有心想要改變，才能在不斷的自我打氣下，鼓起勇氣去實踐。經過無數次的磨練，他終於蛻變成一位深具說服力的演講者。

你可以試著練習，發現週遭的人表現好時，適當的肯定他們，加深他們對自己能力的信心。人們在累積成功經驗後，會願意冒風險去嘗試新的事物，不斷嘗試以後，就能變得更好。

方法4 天天分享自己的故事，順利化解他人憂慮

我很喜歡自己愛分享的特質，因為在分享過程中，能和他人拉近距離。

愛分享的特質和我的成長背景有關，我的母親非常照顧家庭，卻也容易陷入焦慮，時常不由自主的擔心我父親和四個小孩。以前我曾試圖開導，但總是無法打開她的內心，直到進入卡內基後，我改用講故事的方式和她溝通，發現講故事比講大道理更有用。

每個禮拜回家時，我都會為母親講一則故事。若是她感到焦慮，我就講關於克服憂慮的故事，她會聽得津津有味。後來，她總算比較願意將心事說出來。

我也很喜歡和學員、同事分享故事。在卡內基，我們會鼓勵同仁，在服務客戶後，若對方感到滿意，可以跟對方要推薦，藉此提升自己的業務能力。有一次，有位同事說不明白為什麼要請客戶推薦。

我跟他分享了一則小故事：「在美國有個小女孩，她的年紀很小，卻夢想著要帶媽媽去環遊世界。後來，她為了完成這個夢想，去當童子軍，然後賣童軍餅乾。每次向人兜售餅乾時，她都會先把夢想說出來，之後再問你要買一盒還是兩盒餅乾？」故事講完後，我接著說：「你想要在今年去美國，那麼可以讓你的客戶知道你的夢想，請他幫你推薦。」果然，這位同仁把我的想法聽進去，遠比我直接要求有效多了。

時常和人分享、講故事，並連結你從書籍、電視、電影所得到的各種感想，久而久之，本來一直無法傳遞成功的想法或理念，會因為故事的輔助，變得讓人能夠接受。

連桂慧老師的正能量小故事第⑥週

有一位學員跟他父親之間的關係一直處於僵局。之前可能發生過衝突，從此沒再回去父親的家，但他其實還是很愛自己的父親。

他說：「老師，其實這個問題是無解的。我認為自己不可能化解與父親的狀況。」聽他說完，我心想：「該怎麼做才能幫助他？我不能否定他，但是我也不能只講大道理，告訴他應該這麼做、那麼做。」

後來我告訴他：「想改變一個人，確實不容易。因為老一輩的生活背景與教育和我們有差距。像我跟我父親也是一樣，他受日本教育長大，總是很嚴肅，我以前也認為根本沒有辦法可以改變他。他曾反對我到卡內基工作，由於我無法說服他，只能努力表現。」

我繼續說：「你知道嗎？每次上卡內基的課，包括我當講師後，在做人際關係的互動練習時，我都會將對象設定成我父親。比方說，第一階段我會設定打電話給他，然後時間要超過十分鐘。這是很困難的事情，因為我每次打電話給他，他講沒兩句就把電話拿給我母親了。可是我不氣餒，從這樣的小地方開始做起。」

「第二個階段，是讓他知道我在卡內基的工作表現，還有開心的事。雖然有時他根本不想聽，但我以故事的方式與他分享，他會比較願意聽下去。」

「第三個階段是，時常表達對父親的感謝。我會對他說，我很謝謝爸爸對我的栽培，有些栽培是內在的，我從你身上學到很多，我很謝謝你，很愛你。」

「當我開始這樣做之後，我發現父親不再抗拒，願意好好跟我對話。最後，他在七十歲時來卡內基上課，因為他看到我的改變，並且感受到我們之間的互動關係。」

我對這位學員說，你也可以試著這麼做，不要想著一次就要化解心結。學員在聽完後說：「聽老師這樣說，我比較有信心了。」

半年後，這位已經畢業的學員來找我，他說：「老師，我很感謝你，現在我每週都回去看父親，而且父子倆的關係從吃飯沒有對話，進展到吃完飯還可以坐下來，泡茶聊一個多小時。」

分享自己的故事，可以幫助他人產生更多的想法，只要能讓對方增加一點信心，就能讓他鼓起勇氣改變自己。任何人都可以用自己的經驗與故事，去引導別人。

方法5

傾聽別人的故事，能讓每個人都喜歡你

不只愛分享，我也喜歡自己對人很專注的特質。當別人和我說話時，我會專心聆聽。專注能幫助我提升對人事物的敏銳度。比方說，當我將專注力放在一個人身上時，因為敏銳度提高，便能從對方身上看見以往沒發現的優點，或是看出可以幫助他的地方。尤其在課堂上更加需要專注，若能專注的觀察學員，便能在更短的時間內協助他們成長，也能加深對上課內容的記憶。

在我上一本著作《說好話的力量》的簽書會現場，我在台上講話時，看見以前的學員，那時我拿著麥克風說：「我看到了二〇〇八年時在大陸教過的學員，以前還是小女孩的她，現在已經為人母了，沒想到她今天會帶著小孩過來，能再看到她真的很開心。」我講到這裡，發現她竟然哭了。她沒想到過了這麼多年，我還記得她。

後來，我們在會後私下交流時，我對她說：「我還記得你在課堂上曾經講過的故事。」並不是我的記憶力有多麼厲害，而是我投入很高的專注力，自然而然就會記住。每個人都有值得我們學習的地方，**如果將專注力放在一個人身上，有時你可以幫對方看到他沒發現的盲點**。

卡內基有個震撼力演講班，當學員在台上練習時，講師可能沒幾秒就要喊停，並給出下一步指令，讓他做出不同的改變，還必須符合學員也想要改變的部分。若是沒有足夠的專注力，是無法辦到的。

連桂慧老師的正能量小故事第⑦週

我常處理夫妻之間的溝通問題。有時候是女方覺得男方有問題，有時則相反。曾有位學員覺得和丈夫之間有很大的溝通問題，接二連三說出對丈夫的不滿。

當對方生氣或是情緒低落時，無論你講什麼，他都不見得聽得進去。所以，我只問她一個問題：「你講了他那麼多的不好，那麼你還要這段婚姻嗎？」

當下她愣住，回答：「要。」我提醒她：「要的話，你現在一直看到他不好的一面，不停數落他的不是，對你們的婚姻有幫助嗎？你是否發現這會使你們的關係越變越僵？」她愣愣聽完我說的，才問：「老師，我應該怎麼做？」

我建議她：「你可以試著列出他的優點，然後想想以下這幾個問題。第一，為什麼當初會選擇嫁給他？第二，你嫁給他時的優點是否還在？如果還在，為什麼今天會走到這個地步？假如是因為你的期望變了，是不是該讓他知道？比方說你的丈夫現在知道你在氣什麼事情嗎？很有可能是不知道的。即使你覺得他應該要知道，可是他不一定會知道。」

「所以，你要試著和他溝通，你們才有辦法繼續走下去。如果你還要這段婚姻，溝通是很重要的，不要攻擊式的漫罵或抱怨，而是平心靜氣的告訴他，你期望他如何協助你，或是他做了什麼讓你不舒服的事情。」

之後她說知道該怎麼做了。他們夫妻的關係也真的好轉，後來她丈夫還謝謝我引導她。我對他說：「其實我沒有做什麼引導，只是問兩個問題罷了。」

在一段關係中，唯有正向溝通才能使彼此成長，無論對方是你的另一半，或是家人、朋友，還是工作夥伴。別只顧著放大對方的缺點，試著列出優點，並冷靜釐清問題所在，如此一來才能維持良好的關係。

方法6 試著喜歡自己的工作，找回失去已久的快樂

除了愛分享、專注以外，我覺得自己還有什麼樣的優點？我想是助人的熱情。

我會幫助學員和朋友，希望他們能看到自己的美好和快樂。要看到自己的美好，找到讓自己快樂的事物，是很花費力氣的，卻是很重要的事。對我而言，找到自己的快樂是最重要的。一輩子說長不長，說短不短，**如果每天都活在不開心的情緒中，很容易讓自己陷入低潮**。

很多人問我都是如何跟學員、粉絲互動？我除了透過臉書、Line、微信之外，還會面對面溝通。我會在社群網站上每天分享自己的想法和理念，當學員遇到困難時，也會馬上提供協助。

在助人的熱情方面，你可以試著做兩件事，就是陪伴和支持。因為當對方問你問題時，其實他們心中已經有主見，只是想找別人支持，或是簡單提點他一番。所以，你不必介入太多，只要幫助他思考，然後從旁陪伴，他便可以找到自己的方向。

我的雙親在過世前意識相當清醒，還能和兒女對話，談論很多事情。我父親生性樂觀開朗，我們倆人無所不談，內容也都百無禁忌。在父親過世前兩個月，我在醫院陪他時說：「爸爸，就像你說的，生命總是短暫的。趁你現在還可以和我說話，告訴我你對我們的期望和鼓勵。你對我的期望是什麼？希望以後我還能做什麼？」

他接下來對我講的話對我影響至深，他說：「我對你沒有期望，我只希望你以後也能像現在一樣，這麼開心快樂就夠了。」我訝異的說：「啊？要求這麼低？」他回答說：「這不是要求低，相反的，這要求很高耶。因為我看到你做自己喜歡的工作，在生活上也很開心。其實人生就是這樣，找一個喜歡的工作，讓生活充滿樂趣，不就是件幸福的事情嗎？所以，我對你的期望，就是以後都要像現在這樣開心工作，享受生活，找到自己的樂趣，那麼我就安心了。」

在父親過世後，我回想這一段話，發覺他說得很有道理。找到自己的快樂，做自己喜歡的工作，真的不是每個人都能做得到的。所以，我希望能給週遭人一個影響，讓他們看到自己的美好，找到自己的快樂。

有位卡內基講師曾說：「真正優秀的講師，是卡內基學員離開幾年後，當你再次問學員時，他回答自己收穫很大，並舉出在工作、生活中的改變，但當你問他講師是誰時，他不記得了。這就是身為講師的最高境界，讓學員有很大的收穫，卻不記得你是誰。」

後來我想了想，認為這番話挺有道理的。卡內基的講師就像教練一般，教練的職責是引導別人更好，有更多的突破和改變。我們雖然不是什麼明星講師，但是能幫助學員突破與改變，所以我很珍惜教學的過程。

幾年下來，這些影響我很多，像是父母親晚年時，我即使工作忙碌，還是調整好心態去陪伴他們，把陪伴的「質」做得更好，即便量不算多。當時我只要一回老家，就什麼事都不做，也不外出訪友，完全專注的陪伴爸媽，帶他們去吃好料，讓他們感受快樂，在晚年留下美好的回憶。

學員給我的啟發讓我了解到，**陪伴家人時，質比量更重要**。我們全心全意的陪伴，會讓他們很開心。在父母親都過世後，我們兄弟姊妹沒有因此鳥獸散，反而更加凝聚，在每年幾個重要節日，像是過年、中秋、端午節，都會回老家聚在一起。

從學員的分享中，我不斷發現自己忽略的事，於是回頭去做這些被提醒的事情。在做了之後，我會和學員分享，促使其他學員也願意去做更多改變。這就是卡內基工作最重要的核心價值——教學相長。

此外，我經常鼓勵學員寫感謝卡送給卡內基的同仁，我自己也會寫。因為我們經常叫別人做的事，自己也要去做。透過互相交流，能使彼此成為更快樂的人。

連桂慧老師的正能量小故事第⑧週

有個媽媽對孩子教養的問題感到困擾，覺得孩子不乖，有著諸多不滿。

我聽了對她說：「你總不可能把孩子塞回肚子裡吧。他是你的孩子，你希望他好，卻一直看他不好的地方，最後他便會朝著你認為不好的方向走。所以，你要不要試著肯定他做得好的地方？」

於是，我給這個媽媽一份作業，我說：「請你每天寫一張卡片送給你的孩子，找出他的優點，然後寫在卡片上。」

她說：「怎麼可能找得到優點？」我建議：「你先試試看，搞不好會有不一樣的情況發生。」

她半信半疑的照著我的話去做，兩個禮拜後，成功緩和了與小孩的緊張關係。他們開始親子溝通，彼此把內心的話說出來。

透過溝通，這位媽媽才知道，她和孩子之間竟有著非常大的誤解，原來她的小孩一直認為，媽媽非常不滿意他，媽媽不愛他，把他當仇人看待。

她這時才發現錯得有多離譜，她是那麼愛自己的孩子，可是傳達給小孩的感覺卻是截然相反的。後來，透過親子間更多的溝通，她才真正幫助孩子改變心態，變得更好。

激勵小語

如果你能經常懷有助人的熱情，給予陪伴和支持，便能真正幫助對方，對方也會更願意和你分享。

人會支持他參與的事情，當他參與思考問題時，才會找到自己達成目標的動力和方向。

第 3 章

業務領導篇：業績達成、團隊引導的 13 堂課

說明會沒人聽？「一直問」讓客戶說出想要什麼

每一天無論是生活或是工作，都需要和別人溝通互動。以我的工作來說，工作內容和培訓有關，要招收學員來上課。那麼在招生前要先做什麼準備？最重要的就是要了解更多專業知識，在向客戶介紹時，才能針對不同需求做出相符的回應。

我會透過提問來了解，否則在不知道對方需求的情況下，無論把產品誇得有多好，他依然不會感受到這東西對自己有幫助。在招生準備時，通常有**三種溝通方式：一對一溝通、一對多溝通，以及電話溝通。**

在一對一溝通方面，我們會邀請客戶來辦公室進行三十分鐘左右的對談，讓他了解卡內基的課程。我會用提問的方式了解對方現在的狀況，目前最想突破的是什麼，為什麼會想突破？在了解對方的需求後，才進一步介紹適合他的解決方法。

有一次，有位學員在職場上面臨很大的挑戰，讓他想要自我突破。於是他在網路上搜尋相關培訓課程，選了幾家後便開始一家一家去了解。在來卡內基前，他已經問過大概七、八家培訓單位了，那一天正巧是我接待他。

他開門見山的說：「我想要了解課程。」我簡單的回應：「沒問題。」記得當時我問他：「你為什麼想來上課？」他提到自己在溝通和人際關係上產生了問題。等他說完後，我才接著問：「如果這些能力一直沒有改善，你覺得會對你產生什麼樣的影響？」他開始陷入了沉思，發覺事態挺嚴重的。當他沉浸在情緒中，我仍然用正向的態度回應他：「這真的不容易。此外，還有什麼事讓你覺得難受嗎？」這個問題讓他有被了解的感覺。在訪談的三十分鐘時間裡，我大概用了二十五分鐘提問，最後剩五分鐘介紹卡內基的課程。

當時他在內心清楚的告訴自己，他想上這裡的課。後來他跟我分享，他沒想到自己會對第一次見面的陌生人說出內心恐懼的黑暗面。前面幾家在他說完想了解課程後，就會開始塞一大堆的產品、課程資訊。卡內基卻不是這樣，反而是先透過問答了解需求後，才開始介紹。

在了解對方真正的想法後，你才有辦法給對方真正需要的東西，並進一步建立信任關係，讓他更加滿意。

在一對多的溝通裡，我們會舉辦長達兩小時左右的說明會，讓有興趣的人先來體驗課程。由於人多的關係，讓他們有更多機會練習，透過卡內基提供的專業知識以及工具了解自己的狀況，再做進一步接觸。

然而，在體驗過程中還是充滿了挑戰。某一次晚上七點到九點由我主持說明會，在說明會開始前會撥放卡內基相關影片。當我在六點五十九分準備要將影片關掉上台時，這家公司派遣先來體驗的其中一位員工，像是吃了炸藥般對我說：「所以要開始了嗎？」我愣住了，回道：「我正要開始。」他語氣不善的喔了聲做回應，我心想：「今天遇到炸彈客了。」

說明會中提到，在卡內基有五個動力，分別是自信、溝通、人際關係、壓力處理和領導力。在提到溝通的時候，那位員工舉手了。

他說：「為什麼溝通要聽對方講話？比方說我們公司相當專業，我只要把該講的說出來，說完以後對方聽不聽，那就是他的問題了。」

他的語氣讓我感覺到一點挑釁意味，不過我還是平和的回答他。我說：「我佩服你的專業能夠讓人信服，但是溝通時為什麼也要聽對方說話呢？如果你希望能以更節省時間和精力的方式，讓顧客願意買單，就必須這麼做，因為對方不一定像你一樣專業，你說對吧？」說完後，他便不發一語的坐下。

我接著說，在人際關係方面，卡內基有一條原則叫作：「給予真誠的讚賞和感謝。」講到這裡，開始舉例提到，我們往往忽略對父母親和家人的感謝。此時他再度舉手說：「為什麼要感謝？我對我爸媽都是直接以行動表示，雖然沒有口頭感謝，但我還是很孝順他們的。」

他這麼說的同時，已經有不少人回頭瞪他了。然而，我還是用緩和的語氣回應：「我真佩服你用行動表示對家人的愛。雖然你覺得不需要用言語表達你的感謝，可是你又怎麼知道你的爸爸、媽媽不需要親耳聽見這些感謝呢？今天和各位分享的感謝方法，也是在提醒我自己可以這麼去表達，並不是絕對強制的。然而，若是從來沒這麼做過，歡迎你去試試看。」他聽完後，原本不善的臉色稍轉，又坐回了原位。

最後，他又再次站起來說：「其實我今天心情不好。突然被要求過來聽課，但是手上還有一堆工作沒做完，於是我就想要搗蛋。沒想到老師每次都用很好的態度回應，用和善的笑容及專業知識讓我明白，卡內基經常提到的真正去關心別人是很重要的。」後來，他便報名來上課了。

從這位員工的例子可以知道，很多時候你遇到的人不一定都會給你好的回應，也有可能會有人向你提出各種挑戰。你該如何讓自己不受干擾，並使用正向回應成功說服對方，這是一個很重要的課題。

在卡內基，透過電話與客戶溝通的頻率也是相當高的。很多人在講電話時會緊張，甚至不知道該如何回應，因為在通話時看不到對方，要建立信任就變得相當困難，再加上如果沒有給予適當的回應，電話另一頭的人到後來就會降低想講下去的意願，所以專注的聆聽和給予適當的回應是很重要的。

在訓練同仁，尤其是新進人員時，我們都會提醒要「笑著講電話」。如此一來，電話中的聲音會顯得更加熱情。接過卡內基電話的學員都說：「卡內基的人在電話中的聲音都很熱情。」就是因為透過訓練，讓接待同仁笑著接電話，才讓打來的人感受有所不同。

連桂慧老師的正能量小故事第⑨週

關於簡報，我有一個印象很深刻的經驗。當時，台灣摩根想找銀行賣他們的基金，所以台灣銀行想讓他們優秀的理財專員上課，正在尋找適合的培訓公司，於是卡內基受邀進行相關簡報，一組大概十五分鐘。從同仁口中得知消息後，我相當開心的說：「簡報是我們的強項啊！」比起書面介紹，卡內基人員在簡報方面的確更加擅長。

簡報的結果很成功，他們的焦點從別家培訓公司轉移到我們身上，從一開始的不甚關注，到後來興味盎然。我運用十五分鐘的時間，先舉例帶出每個產品的益處，以及哪些公司用過該產品，有什麼樣的效果。我觀察他們的神情，心想這個案子應該可以拿到了。

從聽眾們的年齡層來看，我判斷他們的孩子都有一定程度的年紀了，於是最後我又附帶提及，卡內基除了企業內訓課程，還有青少年的課程。結果，裡面有位主管就提問：「真的？你們青少年課程是怎麼做的？」

在我簡單敘述課程會如何幫助青少年的過程中，因為每年都有開班授課，於是在台上一邊講，腦海裡一邊浮現許多畫面，漸漸的越講就越興奮。他們在聽完後也相當興奮，開始問更多問題，原本的十五分鐘就這樣延長，超過十幾分鐘。最後我們除了拿到原本的案子外，還額外又為公司開發了新業務。

如果你在描述產品的好和優勢時能有畫面，便能興奮的侃侃而談。在開發業務時，這麼做能促進你與對方的互動變得更加順利。

連桂慧老師的正能量小故事第⑩週

有次我在暑假接到一通家長打來的電話，我接起電話說：「卡內基訓練，你好！」打進來的是一位母親，沒想到她劈頭就問：「我想讓我的孩子上課，你們的課程多少錢？」

通常我們遇到人家問問題，就會直接回答他，但最重要的還是要先了解對方的需求。因此我先讚美她：「謝謝媽媽對卡內基的重視。我好奇請教一下，你為什麼會想讓孩子來上課？」

她說：「因為他的自信不夠，溝通、表達能力也不好。」

我又繼續問：「你是從什麼地方發現的？」

她回道：「他在學校不太跟人互動，每次下課都躲在角落，上台講話時很小聲，別人都聽不清楚，讓老師很頭痛。我希望能解決這個問題，所以想讓他去上課。」

聊了一段時間後，媽媽再次把話題繞回最初的問題：「你們的課程要多少錢？」

我回答課程的費用後，她忽然像是吃了炸藥般開罵：「坑人啊！你們卡內基不知道外面有多少貧苦的學員嗎？這差不多是家長一個月的薪水啊！」

我沒有多做回應。等她罵完以後，我用心平氣和的語調說：「媽媽，我很理解你對價格的考量，我也發現你很關注社會情況，我們的費用確實不低，但是為什麼會訂這樣的價格？因為卡內基算是終生學習的服務，並不是孩子上完一次的課程就放手不管了。在課程結束後，我們的講師或是學長都會扮演顧問的角色，持續協助孩子成長。」

她聽完後說：「連小姐，你的回答讓我非常滿意。請你不要介意，我是故意抓狂的。我是一所學校的老師，明白教育對孩子的重要性。我為了讓孩子上暑假的課程，到目前為止打了六通電話，每一通電話都扮演『奧客』去挑戰對方。結果你是唯一一位在被我兇過之後，還能正面回應我的人，其他五個人都因為我的態度，失控的跟我吵起來。」

她接著說：「為什麼我要這麼做？這些公司號稱可以幫助人溝通，幫助人表達能力更好，但若是連自己的員工都沒有先訓練好，我又怎麼放心把孩子交給他們呢？很謝謝你今天給予我的回應。」

最後，那位媽媽真的帶著孩子來卡內基上課了。

從上述經驗中，我發現人與人溝通的過程，情緒是會互相影響的，究竟該隨著對方的情緒起舞，導致最後不可收拾的局面，還是用冷靜的態度，正面回應對方？答案應該很明顯。這位媽媽讓我了解到，電話溝通時看不見另一頭的人的表情，所以專注的聆聽，並做出正向的回覆，是使用電話溝通時的重要關鍵。

問題很棘手？卡內基的4個問號，幫你解決難題

卡內基有個很好的方法，叫做「解決問題的四個問號」，透過這個方法，能夠同時督促你我去負起責任。這四個問號分別是：

第一，問自己發生什麼事？

第二，發生這件事情的可能原因有哪些？

第三，有哪些可能的解決辦法？

第四，最好的解決辦法是什麼？

這四個問號非常好用，我總是鼓勵學員使用它解決問題，也的確有很好的效果。

舉例來說，有次我帶了一個公司班，學員包含了業務、工程、財務和法務等七個部門。部門之間要互相配合完成招商程序，結果招商過程中發生問題，導致廠家無法進駐本來應該蓋好的商場。然而，這個問題同時牽涉到業務、財務等各部門，導致從去年十二月到今年九月都沒辦法解決，即使每個人都絞盡腦汁，還是沒有想到好的方法。

後來，這家公司的總裁在第一次上課前對我說：「有沒有辦法藉由課程，協助他們解決這個問題呢？」我便開始思索該怎麼做，最後就想到「解決問題的四個問號」。隔天，我分組引導他們去思考，發生了什麼事情？原因是什麼？有哪些解決辦法？這當中最好的解決辦法是哪一個？順著這四項一個一個討論。

常言道：「團結力量大。」藉由公開討論進行跨部門溝通，花了一個小時左右的時間，將那些糾結不清的地方順利釐清，之後事情總算順利解決，每個人心中的大石頭才就此放下。

這次的經驗，為他們公司以後的跨部門溝通，提供了好範本可以參考，有了依循，便能促使他們負起責任，解決問題，而不是用逃避的方式拖延。

連桂慧老師的正能量小故事第⑪週

記得有位學員的孩子非常優秀，在高中時期，成績排名都是校內前兩名，大家都很看好他。高三推甄面試過程中，所有老師都覺得他上第一志願絕對沒問題，沒想到孩子卻因為過於緊張而考試失常，失去了進理想學校的機會。

期望越高，打擊越大。這孩子整天把自己關在房間不肯出來，老師和同學的加油打氣也沒有用，甚至降低和父母互動的意願。媽媽怕他餓肚子，只好早中晚將飯菜放在門口，讓孩子自己拿進房間。用餐後，孩子會將空盤放回門口，依然不願走出來。

這件事讓那位學員很煩惱，總不能讓孩子一直處於低潮的狀態，於是他想到「解決問題的四個問號」。他敲了孩子的房門後說：「兒子，我不會說什麼大道理，我只想用五分鐘跟你溝通，你開門和爸爸說說話。」

幸好，孩子開了門表示願意溝通，但只願意站在門口。學員問：「你很難過對不對？」學員的兒子點點頭，於是又問：「那你要難過到什麼時候？」

兒子搖頭說：「我不知道。」學員接著說：「那你願不願意和我一起想辦法，讓你的難過盡快消失？」

兒子聞言後點點頭。見有轉機，學員接著說：「我在卡內基學到一個方法，我們一起來討論好不好？」兒子同意後，學員便利用「四個問號」開始和孩子討論：「第一個問號是推甄沒上理想學校，發生這件事的原因有哪些？」兒子說：「因為失常，自己太大意……。」

學員問：「那麼你覺得有哪些解決方法呢？」學員的孩子很聰明，聽到這個問題後茅塞頓開，開始針對自己的失誤原因提出解決方法。

學員又繼續問：「那最好的解決方法是什麼？」兒子想了想說：「最好的方法就是參加大學聯考。」學員建議說：「離大學聯考還有不到兩個月的時間，既然是最好的解決方法，接著我們該做如何做改變及調整，才不會讓狀況持續惡化？」

經過討論，他的兒子整理出一大串的讀書計畫。大學聯考後，學員跟我說，他的兒子考上了第一志願台灣大學電機系，比預期還要好很多。學員很開心能幫助兒子找到解決問題的方法，而且也從挫折中振作起來，覺得卡內基的方法非常好用。

激勵小語

當你在亂無頭緒的情況下想要解決眼前的難題，可以好好利用「四個問號」來幫助你思考。

部屬不配合？站在對方的立場，並真誠了解狀況

卡內基的原則在帶團隊時很好用，有一條原則叫「試圖以他人角度真誠了解一切」，教你不要只用自己的角度來看事情。

若你身為業務主管想讓同仁達成業績，卻老是說：「你們要做，不然我們團隊的業績目標達不成。」他們可能無法接受，但如果你試著用他們的角度去談，狀況就會完全不一樣。

另外，該如何讓同仁超越目標？我認為很多人都具有企圖心，不想讓自己的業績排名吊車尾。面對有企圖心想要超越的同仁，超前的方法並不是在旺季時一直加班，而是在淡季大家還沒有意識到要做業務時，你就已經準備達標，那才是厲害。

當同仁聽進我說的話，覺得認同時，我再告訴他：「因為你永遠不知道，這一年哪些時候自己的狀態會很好，或是不好。既然如此，為何不一開始就讓自己保持在好的狀態？如此一來，即便是在旺季忙不過來的時候，也已經有了業績基礎。」

聽我說完，同仁回答：「桂慧，你這樣講也挺有道理的，我怎麼從來沒有這麼想過？」我跟這位同仁談完之後，他不只要讓自己的業績名列前茅，還想讓自己從淡季時就有超越目標的感覺。

想要激勵人時，要從對方的角度來溝通，而不是用自我認知的角度來說，如此一來，對方的配合度就會比較高。

連桂慧老師的正能量小故事第⑫週

記得某一年我一直在推動，不要把一年所有的業務活動都壓在暑假旺季時。應該在淡季多開發，這麼做的好處是可以提前做出業績，甚至超越目標。

那時有一位同仁的特質是客戶對他的信任度很高，可是他動作比較溫，常常都是慢慢的做，做到結算年度業績時剛好達標，低空飛過，有時甚至可能馬失前蹄，有耽誤的情況。

我身為主管該如何去推動策略，希望他也能提前去做？我認為，每個人都有自己的責任感，都有自己內在最渴望、最想要照顧的人，或是最想要完成的事。我觀察到這位同仁非常愛他的孩子，經常在臉書放孩子的成長片段。

有一次我找他談：「你其實能力很好。」他回說很多人也很好，我接著說：「認識你這麼多年來，我知道你很有能力，只是為什麼你每次都是慢慢來，甚至耽誤到業績？」

他說不出一個所以然，只說：「我也很努力！」我說：「我知道你很努力，我也知道你非常愛孩子，所以我問你，當你的孩子長大要開始念書時，你需不需要去激勵他複習，在考試前準備好功課？」他點頭說需要，我接著說：「如果有需要，那麼你應該要成為孩子的榜樣，讓他學會提前準備，才能有好的成績。但是把時間表往前提，可能會造成壓力，當孩子跟你說我有壓力、不用考那麼好、不用提早準備時，你該如何說服他？假如你現在把自己的業績顧好，有計劃的提前達標，甚至超越目標，在未來孩子學習的過程裡，你就能當他的榜樣。」

那一次談話中，我的立場，不是身為業務主管要他做業績，而是和他談如何在家庭、在教學時成為有說服力的人。因為自己以身作則，所以才能去激勵孩子，激勵他的學員。這位同仁聽進去了，後來的業績績效都超前，並且開始提前作業。

每個人都是有能力的，像這樣有責任感、愛家人的人，只要從他內心柔軟的一面給予鼓勵，便能有所突破。

目標訂太高？訂目標前，得訴求背後的意義與價值

在鼓勵同仁，帶領團隊的過程裡，卡內基還有一個原則很好用，就是「訴求更崇高的動機」。

假如你做很多事情，覺得只是訂個目標去達成即可，這樣做了幾年後，很可能還是看不到自己做這件事的好處，或是對自己有什麼幫助。我在公司很常看到卡內基對學員、客戶的幫助。比方說，青少年如果來上課，這個課程可以改變他的一生，也有可能改變他的家庭。

所以當案子成交時，我們知道這不只是成交一張報名表，它代表一個家庭的希望，甚至是孩子的未來。我們會很開心，因為看過太多孩子上完課的突破和改變，真的是影響到整個家庭和他的一生。所以我會覺得，做這件事是很有意義的。

另外，在企業內部，主管們要忙的事很多，也許顧不得去想如何讓團隊更好。此時我們就會提供方法，協助他把團隊帶得更好，所以我常說，我們是陪著企業一起成長。當完成一家公司的內訓時，等於是開心陪著這家企業，朝更好的方向邁進，因此同仁們會產生一個崇高的動機：「我們做的不是一般的推銷，而是在做幫助別人的事。」

卡內基大部分的業務同仁都身兼講師，那麼該如何才能兼顧生活和業務、講師這多種角色？其實只要從淡季提前把業績做好即可。所以這時我會以崇高的動機作為訴求，雖然不是每個人都能聽進去，但的確有很多同仁受到正面的影響。我常激勵同仁，假如提前做好業績，當旺季來臨時就不會分身乏術，不但可以有計劃的安排時間，好好照顧自己的客戶，除了打服務電話之外，還可以充實教學內容，讓自己安心工作，避免蠟燭兩頭燒的情形。

記得上一次回台灣時，聽到一位同仁和我說：「你知道嗎？某某人說他只願意在年度業績結算完後才出國玩，他真的很用心在做業務。」我說：「真的？為什麼？」

他說：「因為你啊！幾年前，你告訴我們業績最好要提前完成。九月結算業績，那一定要在六月就把業績完成，因為七八月確實都在忙教學，為了讓教學、業務、服務還有家庭都照顧週到，在六月完成業績相當重要。他都聽進去了，而且到現在都還是這樣做，所以他的業績在全國排行總是名列前茅。」

聽他這麼說我很高興，當你給予崇高的動機，而且有人願意聽，並願意去實行，確實能減少工作的壓力。當覺得自己做的事情有意義時，心情自然會是愉快的。

在課程裡，還有個單元叫「激勵他人接受改變」。**要讓人改變很不容易，改變不是要求、強迫，而是激勵**。該如何激勵他人接受改變，促銷對他有幫助的想法？

當有壓力、目標或是有挑戰時，我們不應該把壓力強壓在他人身上，而是應該給予足夠的彈性，讓他能想到改變的方法。只要是對他有幫助的事，他就會支持。

其實在淡季也需要做出好業績，所以我希望同仁們能改變一貫的工作模式，做更多開發。通常年底時很多公司會有培訓計劃，也有公司會有剩餘的款項，打算當作培訓款使用。這時我會鼓勵同仁：「我們可以更多樣性，多幫助客戶。」當我不是用壓力壓在他們身上，而是給予更多彈性時，同仁就會更有創意，並且達成目標。

記得有一家很大的外商企業有培訓需求，但他們都不採納同仁提出的方案，說他們已經做過很多訓練。他們不知道卡內基有很多課程，即使同仁想為他們量身訂做，也無法獲得同意。想當然爾，同仁便覺得應該不會成交了，賭氣的把兩百多種的課程單元名稱丟給對方，想讓對方認識卡內基。

結果此舉反而讓他們從課程裡挑選兩個單元培訓，這時換同仁愣住了，因為對方挑的單元沒有中文翻譯，還剛好是在台灣鮮少進行的課程。他很緊張的跑來問我要怎麼辦，我說：「沒關係，全球有九十幾個國家在使用卡內基，我們有這麼多資源，怕什麼？」

後來和老闆報告後，便著手做了中文翻譯，和對方敲定時間以及上課方式。很慶幸當時我有強大的全球系統講師手冊可以參考，它是關於服務方面的指南，將它消化，討論後正式上課，結果是好的，外商刮目相看，也覺得卡內基的專業品質果然很棒。有時做事要保留一些彈性，別人才會更信任。

連桂慧老師的正能量小故事第⑬～⑭週

二〇一二年我在台北，得到全球卡內基的年度風雲業務經理獎。得獎並不是我有多麼厲害，絕對都是團隊的功勞，因為卡內基非常重視團隊精神。那麼，要如何才能讓團隊一直保持良好績效？

那年，我們創造開心的工作環境、有趣的工作過程，至今同仁都還是非常懷念。想讓團隊的績效更好，打破本位主義及跨部門溝通很重要。

為什麼這麼說？我過去擔任過業務人員，知道業務員越少被干擾，便越能專注在業務工作上，而我接手這個團隊後發現，當初的認知依然不變。業務常需要跨部門合作，比如說當業務接到內部訓練的案子，就需要跟行政部門討論訓練講師由哪位來擔任，並準備合適的上課教材，另外還要跟財務部門溝通。

事情如此多，我該如何幫業務同仁降低干擾？想提升效率，應該讓行政部門即時提供服務，而不是花那麼多時間在溝通上。於是我從改變業務和行政的溝通著手，業務要怎麼樣提供好的需求，做更好的改變，才能讓行政同仁可以更即時的收到業務的需求，並給予更快更好的解答，這是減少被干擾的重要關鍵。

還有一點很重要，就是透過發揮領導力，提升我們對人對事的影響力。我真心覺得卡內基原則很有幫助，尤其在管理或是領導團隊時更應該善用。比方說帶團隊，有一條原則叫「訴求更崇高的動機」。

我在台北團隊時，剛好遇到黑幼龍先生的孫子生病，黑先生全家都投入在照顧孩子上，以致於辦公室裡最資深的就是我，於是我就想辦法讓同仁們自我負責，自動把事情做好。

記得當時我和大家說：「我知道大家都很關心黑先生他們家和孩子的狀況。孩子在醫院裡會得到妥善的照顧，那麼我們可以怎麼回報黑先生這幾年對我們的幫助以及照顧？最好的方式就是把自己的工作做好，讓他們沒有後顧之憂，專心照顧自己的家庭和孩子，這就是我們團隊能提供的最好協助。」

我沒有說很多，單單說了這些話後，大家都很認同，並且會互相提醒。在這時自我負責、自我激勵及不計較，是很重要的事。在那一段時間裡，我覺得我的團隊真的像大家庭一樣，都會互相支持、提醒，沒有人去想落後的事，大家都積極往前衝。

後來，那一段時間的績效很好，正是因為大家抱持著不讓老闆操心，自我負責的崇高動機。後來執行長黑立言先生曾說，雖然那一段時間他們很少在辦公室，但是同仁們的表現非常好，讓他很放心。這一切的動機都來自於，同仁們用心回報老闆過去對我們照顧和信任。

連桂慧老師的正能量小故事第⑮週

有一家公營銀行，由企業贊助要做半天的培訓，之前一直和他們配合的是另一家培訓公司。所以，那時我與同事討論，不只要拿下這半天的培訓，還希望能從這家公營銀行挖掘潛在客戶。來上課的都是資深員工，他們的孩子年齡能上青少年班，所以決定在簡報時特別加強這件事。

簡報中，我介紹能獲得的益處和課程，沒想到最後主辦方眼睛一亮，花了很多時間跟我討論青少年班該怎麼開辦。於是順利拿下案子，為他們的理財專員做培訓。接著在同年，這家銀行和我們合作，把青少年班的訊息發給全國各分行，很多銀行員工的孩子都來上青少年班，我們也因此增加業績，彈性讓大家都受惠。

另外有一間台灣知名的財富管理公司，要求不要長時間上課，想安排半天課程，再針對不同員工做額外不同的設計。

這個問題讓我們的同仁很頭痛，因為這顛覆了以往做企業內訓的方式，那時我說：「沒有關係，你先去了解需求，再為他們量身訂做不同課程，和他們說我們可以做到。」後來發現，其實他們的需求在卡內基都能找到解決方法，之後便用半天時間幫他們做不同層級的培訓。因為卡內基教學的品質牢靠，所以效果很好。

有時原本的方法能使你成功，但若是可以讓他人接受改變，調整將變得更有彈性。不要把壓力放在自己或是他人身上，你就會發現，其實身邊有很多機會等著你去創造。

有人落隊了？不是先責備，而是想辦法激發參與感

在帶團隊時，我喜歡大家把問題呈現出來。有時卡內基的同仁因為關係良好、彼此尊重，怕直說會傷到人，或是不想當打小報告的人，反而沒有把看到的缺點真正說出來，所以我喜歡一有機會就讓大家將自己的想法說出口。

每個禮拜的週會之前，我會先找各組業務團隊的小組長一起開會前會，溝通待會要討論的星期目標，還有該強化的地方，甚至找方法讓大家更快團結一致動起來。

小組長們每天跟團隊組員互動，會更清楚組員的心聲，並了解他們遇到的狀況。於是開會前會時，小組長們能從中提出要點，以及這星期的主力目標。會前會中提出的結果，在週會宣布後，小組長們回到團隊裡，就能針對自己小組做激勵、推動與強化，提升團隊效率。

除了開會，說出自己的想法外，**當你遇到問題時一定要尋求協助，人不是萬能，**

不是什麼事情都知道，有時你的弱項可能是別人的強項，所以我只要遇到覺得很有挑戰的事情，就會提出來。

除了和同仁溝通，我也會找其他的資深講師討論：「你有沒有遇過這樣的情況？那在這樣的情況下，應該要怎麼解決跟處理？」大家都很願意分享自己的經驗。

我時常覺得帶領團隊應該要更有效率，除了讓大家有參與感之外，有時適當的提出自己不懂的部分，便能一起解決問題。

連桂慧老師的正能量小故事第⑯週

在擔任主管時，偶爾會遇到同仁自我信心不足的情形。該如何提昇他的信心？這是主管們要不斷練習的課題。

在卡內基，我們會追求「創造雙贏」的局面，贏得他人「由衷合作」。很多時候不是只要用職權，迫使對方照你的話去做就是對的。這是不健康的方式。

我曾指派兩位同仁一起去做業務開發，最後卻發現這個安排大有問題。這兩位同仁一位具有行動力，自律性強，但是面對困難容易打退堂鼓。另一位性格較溫和，待人很好，顧客服務做得相當周到，同仁們也很信任他。

當時我認為，服務周到與行動力強搭配起來應該挺不錯的，於是便說：「你們兩個很適合一起去開發。」他們都回我好。我心想，應該也不敢說不好吧。然而，兩人在我點名組隊後卻沒有任何動靜，透過側面了解，我才知道原來兩人有著小小抱怨：「業務開發是很孤獨的，根本沒有人會提供協助。」

我明瞭開發業務的困難和各種挑戰，但不能直接戳破他們的心思，之後我便開始想，該怎麼讓他們打從心底欣然接受，他們是真的有能力做開發，而且這對彼此來說都是成長的機會。

後來，我不是單獨找他們，而是找了一群人進辦公室討論。我說：「剛好我們今天有新人進來，我要和各位分享過去做開發的經驗。以前我在台東做開發，在那裡我創造了每兩個月開設一個新班級的成績。從台東的開發經驗中，我得到很多的認同，並認識新的好友。」

接著，又分享公司大多數人擔任接電話一職，導致業務不太能走出辦公室的情況。那時在台北的我，正面臨網路興盛的初步階段，卡內基相當有遠見的希望能成立網路組，專注在網路行銷方面。

「我承接了大家都不看好的網路組，創造出更好的績效。此後大家開始越來越重視網路方面的成效……。」我將自己做開發的過程娓娓道來。

說完這兩個經歷後，我說：「最後我要和各位分享的是，開發之路是孤獨的，不要指望會有人來幫我們的忙。但是開發的過程中我不僅提升了能力，累積更多的經驗後，在未來對教學、業務都有莫大的幫助。」講到這裡，我看向當初被我強行組合的兩位同仁說：「我這次太大意了，未經你們的同意，就把開發新地區的重責大任交付給你們，在此我正式的請問你們，想不想練習做開發？就算不願意也沒關係，我們不一定要開發新的地區。」

結果，在我分享完這兩個開發經驗後，他們欣然接受了這個開發案，也成功的在暑假期間把新的區域經營起來。

主管不能只是用脅迫或命令的方式，迫使底下的員工接受，而是要試著讓他們打從心底願意配合。只要員工好，主管也會跟著好，公司的績效便會跟著顯現出來。

主管常會因為經歷豐富，覺得自己做就好，結果反而做了太多的事情。若想讓團隊動起來，就要讓同仁積極參與其中，有了參與感後才能提升效率。

隊友想放棄？這樣說服，就能產生正向改變

當你想提出新的方案時該如何說服團隊？有時需要跨部門溝通，也是常有的事。不管做什麼樣的工作，學習說服別人很重要。究竟該如何做，才能更順利呢？

有個案例讓我印象深刻。因為卡內基在台灣的知名度很高，所以大家都會打電話進來詢問課程。那時網路剛開始流行，老闆就叫我接網路組。所謂的網路組，就是不能接 call in，只能專注處理網路上的案子，另外還要做網路行銷。利用網路做業務開發，很多人都不看好，因為當時大多數人看到資訊就會打電話進來，很少人使用網路聯繫。

我知道大家的內心裡都不認為網路行銷會成功，那時我帶領兩位不是很有業務經驗的同仁，他們原本只是公司的業務助理，後來被調到網路組做業務。接下這個任務時，我便發覺他們的信心不夠。試想，在大家都不看好的情況下，信心怎麼會夠呢？

這兩位同仁各有不同的優點，第一位比較嬌小，但是講話非常堅定，講電話時相當專業，電話開發業務的能力很強。第二位很會用網路做服務，對工作很用心，並且願意學習電腦，也很有創意點子，擅於在外收集訊息。雖然各有優點，但是沒有信心是不行的，所以我決定和他們好好溝通。

當時我和第一位同仁說：「我們來做陌生開發，你可以盡量打電話出去，不用怕。當找到決策者需要拜訪時，我可以陪你去，這樣就比較有機會成交。你不用擔心，用平時的專注語氣打電話，你講電話時，堅定的態度讓我都不好意思拒絕你，你該善用這個部分。」他果真很厲害，就算面對層層關卡，還是能找到決策者。

至於另外一位同仁，我和他說：「你本身喜歡創意思考，不喜愛枯燥乏味的事，所以你想想看要是增加網路服務，我們可以做些什麼事情？」他是卡內基的畢業學員，很愛卡內基，所以只要在網路上得到回應，他就很開心。他說：「老師，我們可以做學員的服務，以及讓卡友回來做服務，請人來演講！」

我欣然答應，他自己也當了很多年的學長，因此認識很多有名的卡內基學員，那一段時間他提供很多建議舉辦活動，包括邀請律師分享如何在考試的過程裡面拿到高分，或是邀請高階主管分享如何經營公司等等。善用這兩人的優勢，我們順利的把網路組越做越好。網路組成立的過程裡，剛開始大家都覺得這是一個不受期待的組，不過後來卻幫助公司創造了業績。

在說服別人的過程中，最好的方式就是用對方可以接受，並且用對方的優勢來做。重要的是是否對對方有幫助，而不是對我們有幫助。我們在說服別人時，經常會覺得：「你要配合，因為我有困擾。」但對方也會想：「這干我什麼事呢？」所以用對方的角度，並且用對方可以接受的方式來做，是很重要的關鍵。

記得有一次，我接了一個規模很大的台北團隊，業務人員非常多。那時我剛從蘇州調回台北，發現台灣同仁的步調比大陸同仁還要慢。當時正接近七八月份的大旺季，暑假帶班的講師要上課、教學、做業務，又要做服務，壓力非常大，個個都處於身心俱疲的狀況。

為了讓大家脫離這個狀況，維持工作及生活品質，我向大家訴求，要是能在六月份完成業績進度，接下來的七八月份就可以專注在教學上，並且能輕鬆服務客戶，等到九月教學沒有那麼忙碌時，就可以為新年度做計劃。這樣的構想，幫助很多同仁在旺季時較不會累倒生病，有機會好好休息。

其實剛開始提出在六月完成整年度業績時，所有人都覺得我瘋了，畢竟要超前整整三個月。有些人不願意聽，有些人則是多少聽了進去，我發現想要說服他們，重要的是「不能只是講一次」，而是得很興奮的講很多次。結果那年六月時，有很多同仁提前達成業績，當時我立即給予表揚和鼓勵，讓大家知道達成業績的好處是什麼。

實行的第一年，有些人是觀望的，心想：「怎麼可能！以前能在八月底達成業績就不錯了，怎麼可能在六月就達成？」不過當我一一說服大家，而且還真的有人做到時，漸漸的就會有人跟進。第二年時，有很多人在六月就達成業績，並主動開始做讓工作更有效率的計劃，於是我們開始把服務顧客以及開發都超前進度去做。

說服別人的過程中，談到使對方有益，有幫助的是什麼，才能真正使對方願意接受，對方在聽進去後，才會願意去做更多改變。

連桂慧老師的正能量小故事第⑰週

無論在團隊，或是幫助別人的過程裡，我們都知道，其實有很多人願意去改變自己，但可能沒有人告訴他問題在哪，也有可能陷入了盲點。我們若想幫助他快速有效達成目標，如果只是一直說，對方可能一點感受都沒有，但如果改用提問的方式，或許會比直接告訴他還要容易一些。

來參加講師訓練的人都很優秀，他們在自己的工作及生活，都有很好的表現。要訓練這些原本就很優秀的人，該怎麼做才好呢？

記得在帶講師訓練時，每一位講師候選人都會分享自己的願景。我記得有位講師在台上表現非常好，講得眉飛色舞，當下大家都聽不出來有什麼問題，因為他講得很好。

但是，當時我只有一個感覺，他只要做一個改變，就可以比現在更好。但如果我直接告訴他：「我覺得你哪個地方有問題……。」他可能會不太能理解，因為他覺得自己已經準備得非常充分了。因此我問：「你的願景圖非常好，但我請問你，畫這一張願景圖的這個人在哪裡？」

大家在聽的時候都滿頭問號，接著我又說：「你看這張願景圖裡，有他的工作團隊夥伴、家人、孩子什麼都有，可是他自己在哪裡呢？他自己在這個學習目標裡面，要做些什麼？」

我說完以後，這位講師候選人變得嚴肅起來，他說自己從來沒有想過這個問題，因為他總是為別人做很多事，很少為自己做一些不一樣的事情。

那一次的引導很成功，用提問的方式點出對方的盲點，而不是直接告訴他哪裡不對，哪裡應該要做得更好。

人會支持他所參與的事情，當他參與思考問題時，才會找到自己達成目標的動力和方向，甚至將步驟規劃出來。不是直接告訴他，而是用提問讓他去想，這是在團隊裡引導同仁時，可以使用的技巧。

身為主管最不容易的，就是前面永遠有很多的變化與挑戰等著你去一一克服，然而在這當中，與人建立信任關係，是相當重要的。

二〇〇八年時，我在蘇州拓展海外市場。這裡的人對於卡內基訓練，不像台灣多少有所耳聞，頂多知道是來自美國，但卡內基究竟是什麼，很少有人去深入了解。這使得拓展市場變得十分有挑戰性，有次我去拜訪某家外商公司人力資源的主管，他非常嫌棄的對我說：「你們的講師竟然有台灣腔。」因為當地都是操著一口標準的普通話，他們覺得台灣腔很奇怪。

我們雖然想做改變，但這是無法輕易達成的。所以我就問他：「除了台灣腔的問題外，你還有其他的想法嗎？」

他回答：「我想讓員工更有收穫。」

於是我說：「好的，與其研究講師的腔調，不如從課程內容下功夫，讓你的員工更有收穫吧。」他聽完以後也認同我的想法。

除此之外，我還遇過完全沒聽過卡內基的客戶，對方一開口便問：「你們的講師有什麼著作嗎？有沒有講師排行？講師都是拿什麼學位？」

許多人看的往往都是外在的東西，很少去想來上課後，想要獲得什麼樣的收穫。於是我回答：「卡內基訓練沒有所謂的明星講師，與其稱為講師，我們更像是教練，幫助來上課的學員能有更好的突破。」

我只能從觀念慢慢切入，當人們來上課後發現卡內基的品質真的好，願意去推薦，才能改善這個情況。萬事起頭難，在最初的時候讓顧客信任我們，收集更多滿意度高的客戶，是我們的一大目標。有了這些客戶支持，才會去向其他人推薦卡內基，並且重複的買單。我們在工作上、課堂上也都經常提醒這一點。

在海外拓展市場的同時，還要培養新的同仁。他們一樣不了解卡內基，也不知道產品是什麼。在卡內基工作往往需要一點使命感，然而大多數人都只是把它當成一份工作而已，所以在員工還不甚了解自家公司的階段中，身為主管，該如何讓他們產生信任？如何和他們溝通？都是新的挑戰。

當時，我做了兩件事。第一，在新進人員還不了解卡內基時，我會透過每天的業務訓練，和他們分享我在卡內基的收穫。就像是我在演講、簡報時一樣，運用故事讓聽眾能更快理解，包括在台灣卡內基的成功經驗，產品對學員的幫助，以及播映在台灣卡內基錄的影片，讓他們產生畫面感。否則在對產品沒信心的情況下，沒辦法先說服自己，就沒辦法去說服人來上課。

藉著分享過去的經驗，讓他們每一天多了解一點課程究竟給學員帶來什麼幫助，我甚至邀請台灣優秀的同事，來分享他們做業務的經驗。在累積一定程度的信心後，後來的工作拓展便更加順利。當時很多人員到現在還留著，原因就在於產生了認同感。

第二，培養員工對主管的信任。由於蘇州和台灣的生活背景及文化有差距，因此我便要求自己主動去了解新進員工。中午我們會一起吃中飯，他們叫

便當，我就跟著吃便當，一邊吃一邊談自己的生活體驗，發現很多人其實來自各地。

久而久之，在關心、照顧彼此之下，我們的關係不光只是同事，更像是一家人。即使後來我調回台灣工作，和他們再次相遇都還是很有親切感，因為我們之間早已建立深厚的革命情感。

激勵小語

要開發新區域的業務時，當務之急就是與人建立良好關係，取得信任。再來才是練習自己的說服力，讓別人能接納自己的想法和理念。

如何因材施教？分4類型部屬，建立信任機制

想要建立信任機制，先提升自己對人、對事的影響力，會比較容易些。**每個人都有不同的風格特質，要針對不同的特質因材施教，才能收到效果**。以下我舉四個例子來說明。

第一位同仁的自我要求很高，非常喜歡在卡內基學習。在我推薦他成為主管後，和他有過一段深入的談話。我說：「其實你可以更放膽的去做，你現在成為主管了，當我不在時，你完全可以代表我。你可以要求別人做任何事情，當然前提是你在做這件事情時也以身作則，因為這樣才能建立信任。」

然而，這位同仁一直以來有個問題，就是容易遲到。其他事他都做得很好，甚至常常自願加班，但是早上他就是爬不起來。我對他說：「你必須成為團隊的表率，這是你很想要達成的願景，所以要記得以身作則很重要。此外，你可以想想看，有哪些事情可以幫助別人，進而讓人信任你。」於是，他開始改變自己遲到的習慣。**我們要先相信對方，他便會開始自我要求，並做出改變。**

第二位同仁因為家庭因素，導致業績一直落後。正常來說，在績效談話中，我們都會要求同仁改善，或是談到可能會影響他的收入等等，但是我不曾和這位同仁談到這些。每次和他談論績效落後問題時，我都說：「我相信你可以做得很好，你向來自律。你只要告訴我，我能幫助你什麼，讓你能更快突破，這樣就好了。」

討論後過一陣子，他的業績急起直追，很快就達到自己的業績目標。後來他說，其實自己很好強，若不是我給予全然的信任、支持和引導，從來沒有一點指責，他也不會這麼快突破瓶頸。**給予對方信任，他便會還禮，給出你期待的成果。**

第三位同仁的性格溫暖，在辦公室裡人緣最好。當時我曾告訴他：「你要善用這點強項，因為大家都信任你。假如同仁找你抱怨，千萬不能當濫好人。你有能力能去引導對方，讓他看到自己的盲點，協助他變得更好。如此一來，你也是在練習講師輔導的技巧，並且讓我們的團隊變得更加進步。」

之後，他照著我說的去做。面對較情緒化的同仁，他會適當提點，對他而言，這麼做不會害他落入當壞人或是濫好人的窘境，反而在團隊中最值得信任。

最後一位同仁，他的願景相當有畫面，但是卻沒有耐心處理細節，只抓大方向進行。我時常對他說：「沒問題，客戶你已經約了，那麼我陪你去拜訪。」只要談成新的案子，他就會非常開心，他很喜歡處理這種很快就能談到成交的案子。

我知道，他最渴望的就是被讚美與肯定，只要時常肯定他做得好的部分，他就會將強項展現的淋漓盡致。然而細節方面像是文件、文案，恐怕就沒辦法做得那麼好。當然，總不可能要求所有人都十全十美。重點是，**你要讓他看到自己如何把優勢呈現得更好**。

這就是我在前面所提的，在提升自己對人、事的影響力後，給予同仁適當的授權和信任，他便會用更好的成功經驗或是績效來回報你。

連桂慧老師的正能量小故事第⑳週

對於討論或是激勵他人，除了運用感染力之外，還可以透過分享。藉由自己的親身經歷和對方溝通，心裡比較不會產生抗拒。相信各位都不喜歡聽大道理，倘若換成聽故事，接受度相對就會提升。

我也是用這個方法和人分享。在卡內基二十幾年下來，自己有很多親身經歷可以與人談論，並非是倚老賣老，而是真誠的分享，效果其實挺好的。

以前我參與在蘇州開發設卡內基據點的案子，當時大陸並不像台灣對卡內基有所認識，加上大陸正好處於企業各自發展的時候，導致當時召進來的新人都不太了解卡內基，或是因為被拒絕的機率極高，總是信心不足。

有一位同仁試圖改善，在經歷多次挫折後他對我說：「我們不像台灣總部，資源多之外，也已經有一定的名氣，許多企業都會互相推薦。在這裡拜訪的企業，全都因為沒有聽過卡內基馬上拒絕。」

於是我用自己的親身經歷告訴他：「因為卡內基對我有許多幫助，讓我非常開心，所以我才決定來這裡工作。但是喜歡和親自下去做終究不同，在我剛進卡內基時也是做業務，也碰了很多壁。你想知道，我是怎麼解決的嗎？」

見他好奇的目光，我繼續說：「就是善用自己的強項。」

他問：「你的強項是什麼？」

我說：「我的強項是勇於嘗試。當時很多同仁都是在辦公室接電話，但我並不喜歡。所以我選擇做開發——就像你現在一樣。當然新人要做開發並不容易，必須學著借力使力，比如舉辦演講，收集更多有意願的客戶前來。再來，可以請學員做推薦，增加大眾的認同度。最重要的一點，是我們自己要先走出去。我第一年就是自己做開發，當別人不做而你做的時候，你會發現自己到了另一個世界，一方面能獲得成就感，另一方面也能讓他人受惠。」

同仁聽完後，神態中燃起了信心。他又問：「那麼老師，你認為我的強項是什麼？」

我反問：「你覺得你的強項是什麼？」

他說：「我的強項是講話很堅定，還有我和很多企業有相關的聯繫，我想，我可以從這個部分著手去做陌生開發。」

我肯定的點點頭，並鼓勵他：「是的，這就是你的強項，試著去做做看吧。」

在這之後過了八年，這位同仁每年的業績都維持在很棒的狀態，就是因為他找到了自己的路，並善用自己的強項。

激勵小語

用親身的經驗與人討論，甚至做為激勵人心的例子來引導對方，比較容易達到共鳴的效果。

連桂慧老師的正能量小故事第㉑～㉒週

每次在上課還有跟學員交流時，我常有感而發：「什麼樣的主管才是值得信任的主管呢？」答案是以身作則的主管。

想推動團隊同仁做事情，若不是心甘情願，做出來的品質大概也不是你想要的。若是讓他們覺得一直被要求，到後來可能連跟你互動的氛圍都會搞得不好。

記得有位工作認真的同仁，常常自願留下來加班。但是他的主管卻反饋說，他這麼多年來，常常因為早上爬不起來而遲到。當我接任主管後，也發現這個問題。那麼我該怎麼跟他溝通呢？

以前的主管嚴格要求他，或是威脅利誘說，要是遲到就要請大家喝下午茶，用盡各種方法都沒見效。其實以身作則很重要，在要求別人的同時，要先評斷自己是不是能夠做到，如果自己做不到，就無法要求他人。我時常到晚上還要教學，然後隔天早上還是準時九點上班，所以我覺得自己有資格告訴他要如何去調整。

我透過卡內基的「訴求更崇高的動機」原則，讓他覺得自己不是被要求，而是認為我給他的建議是好的。我找他談時，先肯定他工作上的投入，並且表示很高興能與他共事，因為大家都下班了，他還是很用心的在服務顧客。

接著我說：「其實我很不希望你花自己的時間留在公司，你有自己的健康、生活品質要去兼顧。你在工作上的投入我非常認同，也非常非常感謝，不過我還是想了解，為什麼你都要晚上留下來加班？」

他回答因為晚上腦筋會比較清楚，我接著問：「可是這樣會不會導致前一晚太累，結果隔天早上爬不起來？」他給予肯定的答覆。我接著說：「你的工作能力還有工作品質很受同仁信任，不過卻有一件讓人會產生疑慮的事，你知道是什麼嗎？」他回答：「是遲到」。

我說：「對，這是一件很小的事情，你做了這麼多，只因為這件小事，喪失同仁對你的信心和評價，這樣對你未來若是要當主管，會產生非常大的殺傷力。原本就不是什麼大事，而且其實你是可以改善的。」

看他的表情，我知道他聽進去了，我說：「你看，當主管就是要讓人覺得值得信任，你會信任我是因為我有以身作則，假如未來你要當主管，需要被同仁信任時，卻連準時來上班都做不到的話，你覺得同仁會聽你的建議、聽你的領導嗎？」他靜默了一下，回答：「不會。」

我問：「那你要怎麼做？」接著他笑著回答我說：「連老師，我知道要怎麼做了。」從那天開始，他的準時率便提高了。

激勵小語

上述故事中很重要的關鍵在於，不是要求對方，而是把實際情況及需要改善的部分讓他知道，一切都和他的願景及工作狀態有關。不需要去談「你遲到會造成我管理上的困擾」，而是談他如果能夠尊重我的建議，對他的好處是什麼，單單對於他，無關他人。

沒人服從你？激勵式領導提供願景，讓人自動追隨

你是不是每次在討論工作時，底下的同仁很少會提供想法和意見，多半都是安靜無聲，或是顯得士氣不足、沒有信心的樣子？在此，我有些經驗可以和你分享。

記得我回到台灣帶台北團隊時，和大陸相比，台灣的工作步調較慢。然而，台北團隊相當有能力，而且經驗豐富，只是習慣緩慢的工作步調，導致養成只要在結算前達到目標就好的心態，大家都忽視環境中，有無法掌控的不確定因素隨時會造成影響。

因此，我興起了激勵團隊人員，把計劃提前完成的想法。我對大家說：「我想試著把今年的計劃提前，讓大家有較為充分的工作時間。比方說，業績九月結算，那麼就在六月之前先將業績達到九成以上，接下來的三個月就可以好好的為下一個新年度做計劃。」

當我說完後，現場一片靜默，沒人回應我的想法。或許在聽我說的同時，大家心裡想的應該都是：「這個人瘋了吧，和以往的主管完全不一樣。業績九月才結算，到時候完成就好了，為什麼要再提前三個月？」隔了兩個禮拜，的確印證了我的想法，先前的一片靜默，正是根本沒有人買單我的想法的證明。

於是，我換另一種方式來激勵團隊人員，那就是描繪願景。我說：「各位想想，我們以往的工作步調是什麼樣？這一年當中，四、五、六月衝青少年班的業績，七、八月在教學，等到九月時才驚覺沒人達標，隨之而來的就是讓人喘不過氣的壓力，即使後來勉強完成目標，但這樣循環下來是很累人的。接下來新的年度怎麼辦？十、十一、十二月是客戶們在做計劃的時候，我們如果沒有把握這個大好時機，恐怕又要落入惡性循環當中。」

「試著轉換角度想想，如果我們能夠從容不迫的在六月就達成業績目標，然後七月到九月除了可以專注在教學外，還可以擬定新的計劃，這樣才是對你我都好的良性循環。」

後來，我利用每個禮拜的週會，興奮的用同樣的方式提醒大家。和第一次的靜默不同的是，真的有人開始願意主動配合。他們發現我的建議對他們而言真的是好的，可以改善工作步調造成的壓力，讓自己的工作空間更舒適。

這件事讓我知道，想讓同仁採取行動，不能用命令，或是讓對方覺得自己是被逼的，而是要讓他明白，你所說的願景和他本身的工作、生活、健康有所關連，而且對他是有幫助的。這樣，才能讓人願意為自己的工作、生活，一切他所重視的去做努力。**比起逼迫性的要求，正確的激勵法反而更有效果。**

當主管的過程中，或許你很擅長解決問題以及修正錯誤，並且時常在做，只是較少用激勵的方式來領導，因為都忙於解決事情，忽略了人。要是你能用激勵的方式來互動，其實是很不錯的方法。

比方說，我在帶團隊時，有一些要開的班級告急，人數不足夠，這時該怎麼辦？口頭上說要衝，但是大家心裡都清楚，這是不容易的事。這時我會設計一些小獎勵，達到目標就給兩張電影票，雖然不是很貴的東西，但是反而會激發出專注力，進而把人數給衝出來，因為每一位同仁都很自我負責，有心向上。

另外，要如何讓能力已經很好的人變得更好？有時給予肯定跟參與感是很重要的。記得有位同仁六月就達成業績，之後經過觀察，他在達成後就會開始鬆懈，對工作和業績比較沒有那麼多的參與感。

因此我找他聊，我說：「你知道，你是我們大家的模範嗎？」他一臉困惑的回答：「這話怎麼說？」我說：「你看，你提前三個月達成業績，多少人想要向你看齊，你真是我們的明日之星！」

只見他眼睛整個發亮，我接著說：「那你是甘願做為平凡人，還是成為明日之星？如果你只想做平凡人，達到業績後你就把它擺著。因為我們公司沒有業績獎勵，也沒有抽成，所以這麼做也是理所當然。但若是你想要成為明日之星，成為大家的模範，完成了還能再超越，那才是真正讓人所佩服的，因為你有毅力和行動力。」

後面我也沒再多講，他笑了笑說：「老師，我知道了，我會更努力！」我接著說：「你已經做得很好了，我們很開心有你這樣的同仁，但是我希望你能成為大家追隨的目標，甚至讓大家產生想超越你的心情。」

結果從那一天開始，我發現他的工作績效變得更好了。有些時候表現好的同仁，的確需要我們給予肯定跟多一點參與感。

另外還有一位同仁，我常笑他是悲觀主義者。他的業績做得很好，可是他每年都會說：「我不知道我的下一位客戶在哪裡。」我常和他說，其實這樣也很好，因為一定會自律達成自己的業績目標。

後來，我發現他擅長開發，而且很有創意跟想法，我就和他說其實開發不常被人看到，但還是要有人去做，才能讓更多人了解卡內基。我鼓勵他到開發組，給他一個大方向。我說：「你盡量去闖，如果客戶有什麼樣的需求，你聽完回來再做課程設計，不用擔心會顛覆我們的制式課程，卡內基本來就有兩百多種課程可以彈性搭配。」

在給他全力支持後，他的表現非常優異，除了突破很多業績目標之外，還有不一樣的客戶出現。現在我們公司非常倚重他，很多同仁會去諮詢他應該怎麼做，或是如何設計課程。所以，當同仁產生自我疑慮時，什麼都不用做，只要給他一個大方向就好。

我在大陸時，一整年要開多少班、開在什麼時候、開什麼班？種種問題都是主管下決定。但是真正在做業務的是業務人員，他們更了解市場，更清楚什麼課程對顧客有幫助，所以我決定改變方式，讓大家共同討論。

年度開始時我聚集眾人一起討論和規劃，像是今年幾月要開什麼樣的班等問題，常聽人說「三個臭皮匠勝過一個諸葛亮」、「團結力量大」，都是真的。當每個人提出自己的觀點，許多我從沒看到的盲點，他們都看到了。他們會建議：「幾月因為業務在衝刺青少年班，所以公開班要開少一點比較好……」等等。這些都是來自第一線工作人員的心聲，藉著討論提出來，然後再去做規劃，反而能獲得更多支持。

此外，他們還建議說：「我們每年都舉辦卡內基畢業生的充電會，可是每年都是講師在講，是不是可以給畢業學員一個機會，讓他們回來分享、交流，讓其他難得走進卡內基教室的人也聽聽這些分享，增加對我們的認同度。還有青少年班，其實上完課的孩子，想讓他在學校或是家裡表現更好，家長的影響很大，因此應該針對家長做更多服務。」得到這些建議後，我便開始做相關的規劃。由於點子都是同仁們一起想的，所以大家的參與度極高。

後來，我們舉辦第一場學員的充電會，分別邀請了三位不同行業的公司主管來分享。那場充電會人潮爆滿，每個人都積極的參與交流。我曾說：「人都會支持他所參與的事情。」當人們有了參與感，感受到自己的價值後，行動力自然就會增加。

身為主管每天有各式各樣的事情要忙，有時甚至要身兼數職，也經常有不同的狀況需要去溝通。想在溝通中展現熱忱，你的情緒、語調和感染力，都會影響對方是否要接受你所提出的想法。

舉例來說，卡內基在新年度開始時會舉辦慶祝會，大家一起吃飯。在吃飯的同時會宣布好消息，某一年的好消息是：「今年我們的美國年會將在加州舉辦，同仁若是超過業績目標的一一〇%，就可以前往美國參加年會。」這可是相當難得的機會，因為可以跟全世界的卡內基講師交流。

但是消息宣布後，我觀察到我們團隊的人員反而是為了別人在興奮，像是某甲會對某乙說：「你可以的啦，你手頭有很多內訓的案子，你達成的機會肯定比較大。」然後對方也是以同樣的話回覆他。一時間內，大家都認為別人可以做到，完全沒有人覺得自己可以。於是當下我站起來說：「不如這樣吧，我們先來畫願景。以我為例，我在腦海裡已經勾勒了一個畫面，當業績結果公布，我可以去美國參加年會，並且帶著大家到美國，看到許多不同國度、不同城鎮出來發展的人，我們與他們做交流、學習。」

大家聽了之後果然受到激勵，一個個都開始畫起願景，全都是業績達到門檻去美國。之後便開始討論，做哪些行動才能幫助我們真的達成目標。

當你實際去做時就不會感覺壓力，或是覺得離目標很遙遠，你會開始認為這是具體可行的，沒有想像中的那麼困難，是有機會完成的。因此你要常和他人溝通，透過溝通，你就可以展現出自己的熱忱和影響力，讓成效倍增。

連桂慧老師的正能量小故事第㉔週

在淡季不容易達成目標時，其實壓力相當大，主管該如何調適自己的心情，並且激勵士氣?尤其是在高度壓力下，業績目標追不上時，其實同仁自己也會很著急，此時主管應該如何給予信任跟支持？

記得有位同仁曾經外派到大陸，他的表現非常好，後來任期到了才回台北。那時我也在台北，卻發現他好像失去方向，一直沒有做出績效來，當時離業績結算大概剩下兩個月，只見他的績效遠遠落後。

當時人資找我談，以他的狀況恐怕會達不成目標，但是有一個解決方法，因為另外一區需要人手，人資請我去和他談，是不是調他去那邊支援。我和那位同仁說明後，他表示不想去別區支援，因為他覺得這是失敗者的行為，等於承認他在這裡做不到，轉而到那裡逃避。他的話相當觸動我，於是我問他：「那麼你想要怎麼做？」他說：「老師你相不相信我？如果你相信，我希望這兩個月能留在台北，我會達成業績。」聽他這麼說，我只好回：「如果你真的已經想清楚了，我當然是全力支持。」

之後我回饋意見給人資時，他們說：「如果他業績達不成，也會連帶影響到老師你整體團隊的業績，真的要讓他留下嗎？」我說：「他希望我相信他，我就相信。我相信他可以做到。」

那天談完後，這位落後的同仁非常努力，除了想盡各種方法並留下來加班，還做了很多服務工作。最後在結算前，他不只達成業績，還超越了目標門檻。看到數字，我感動到流眼淚，很高興他完成對自己的承諾，這也成為他人生中非常重要的信念。

幾年後有次公司旅遊，晚上我們一起吃飯時，他和我說：「連老師，我一直記得那時候你的支持，因為你相信，所以本來可能成為失敗者的我，能夠成功。」

同樣在那一年，有一位主管，她一直都是自律性甚嚴且績效很好，可是沒想到她的老公卻在這時生病了。她得照顧老公，因為沒有其他人能幫忙，可是公司業務吃緊，所以她問我該怎麼辦？

我說：「我會極力幫你爭取，讓你在家裡照顧先生。」那時我很感謝公司的支持，讓她大概有一個月的時間不用進公司。當時我知道，那麼高的團隊業績目標，的確需要她幫忙，但是她要照顧老公，應該分身乏術。這情況讓她感到很愧疚，她說：「現在正是公司衝刺的時候，怎麼辦？」我告訴她：「你安心把家裡安頓好再說。」

後來當她老公狀況回穩後，她馬上回來工作。我說：「時間還沒到，你怎麼就回來了？」她說，因為她很想跟團隊夥伴並肩作戰。那一年即使有段時間落後，她還是急起直追，超前業績，這就是被支持的力量。

後來我們聊天時她說，其實當時她很無助，除了家裡的事情讓她很不安之外，她也不想辜負公司。好在我給她的回應是安心先把家安頓好，那句話就像定心丸一樣，讓她能專注處理事情，處理完後她就知道，要趕快回來幫助團隊。

在高壓的環境下，尤其是當目標與績效有很大落差時，需要藉由相信跟支持的力量，來解除壓力。

壓力太大？用3個方法排解，展現領導力

能當上主管的人，大多是一心想讓團隊變得更好。我常開玩笑說，自我要求不高的人大概都不會當主管。然而，自我要求高就會面臨壓力的挑戰，在不可以把壓力帶給同仁的情況下，主管該如何排解？卡內基有三個方法很好用。

第一個是「活在今天的方格中」。這個方法的原理很有意思，很多人會把昨天發生的事、明天還沒發生的事一起都在今天憂慮，這麼一來，再健康的人都受不了。所以你可以做的，就是**專注把今天的事情完成，每天好好完成，累積起來就會變得美好**。

或許有時你會覺得事情排山倒海而來，要如何才能專注把今天重要的事情完成？我會**把今天重要的事寫成清單放在桌上，完成一件就劃掉**，這麼做除了可以提升效率，還能減輕壓力。

第二個是「四個問號」，也就是前文提過的「解決問題的四個問號」。每天大大小小的事情不斷接踵而至，假如突然有人問你某件事該如何解決，有時其實很難馬上做出反應，這時「四個問號」就能派上用場。

第一個問號「發生什麼事情？」要蒐集一些訊息與證據。第二個問號「發生這些問題的可能原因有哪些？」要蒐集最重要的關鍵原因。第三個問號「有哪些可能的解決方法？」就是開放讓所有人提出想法。第四個問號「最好的解決方法是什麼？」即是你在做決策的同時，找出最合適的解決方法。在解決自己和同仁遇到的問題時，**常使用「四個問號」，效率便會提高。**

第三個是我自己也常用的「設法從失敗中獲益」。或許有人會問，失敗就失敗了，要怎麼從失敗中獲益？**雖然事情發生無法改變，但你的態度可以改變**，如果你能從失敗中記取經驗做調整，下一次就會做得更好。

理想跟現實時常會有差距，比方說你想要開什麼樣的班級，想做什麼樣的事情，但是在踏出第一步時就怯步了，覺得這個想法不行，這時你該怎麼辦？你**要記取之前的教訓，即時調整，不要老用失敗打擊自己，從失敗記取教訓，下一次會更好**。做業務也是如此，遭受打擊後，就需要靠自我激勵恢復信心。

想要化解壓力，展現領導力，「活在今天的方格中」、「四個問號」以及「設法從失敗中獲益」都是很好用的方法。

連桂慧老師的正能量小故事第㉕～㉖週

人是情緒的動物，我們不可能一年三百六十五天都保持開心的狀態，你有壓力，其他人也會有壓力。每當我看到同仁們有壓力的時候，都是用什麼方法來引導呢？其實，身為主管真的要培養處理壓力的領導力，因為不只是處理自身的壓力，協助別人處理壓力也是很重要的課題。以下舉三個有趣的例子，來跟大家分享。

第一個例子，某日來了一個新人。他很喜歡卡內基的環境，工作也很投入，經常晚上留下來準備隔天的資料，但是績效卻一直不見成效。我觀察到的問題是他還太年輕，在這裡經常要和高階主管接觸，身為菜鳥的他自然就沒什麼信心，此外，他不曉得該和主管談些什麼話題。因此，我選了個晚上和他分享：「我剛進卡內基時年紀跟你差不多，不同的是，我第一年除了順利完成業績目標外，還超越了門檻。你想知道我是怎麼做的嗎？」

他說：「當然想啊！」我說：「我從做業務的經驗裡，發現加強專業知識很重要。第一點，我們對每一項產品，要下功夫去了解。有一個最容易了解的方法，就是在每個課程畢業時，學員都會分享收穫，你可以透過分享知道這個產品對學員的幫助是什麼，如此一來，下次在介紹產品時便能有更具體的說法。」

「第二點，要多看書。雖然很多書可能一時間無法完全吸收、消化，但起碼在與客戶交流時，會讓你比較有畫面，也會讓你比較有自信。否則你會覺得自己像個白癡，完全不了解對方在講些什麼。看書能提升你的內涵，但這不是一蹴可幾的，需要每天一點一點去累積。」

「第三點，多和成功者交流。」我頓了頓，然後說：「埋頭苦幹當然是一種方法，但我建議你，公司裡有很多經驗豐富的優秀講師和業務同仁，可以多跟他們聊聊，詢問他們的成功經驗，或是在工作或生活中要怎麼調整、提升自己的狀態。這是比看書更快的方法，因為每個人就像一本書，透過與人交流可以幫助你自我突破。」這個新人聽完後豁然開朗，他說他知道該如何去解決壓力和問題了。在此有一點很重要的是，先觀察別人需要協助的部分，然後再建議該怎麼做。

第二個例子，有位同仁在參加講師訓練時親人生病了。我看出他的壓力很大，面對親人病倒的同時，又要面臨講師訓練的考驗。我找了一天和他私下聊聊，我說：「你現在的處境我深有體會。我在受講師訓練時，我的母親也生病了。當時我也曾想過，是不是該離職去照顧她？因此我很能體會，家人生病是最勞心勞力的時候。」

當場這位同仁就在我面前落淚，我知道他有被了解的感覺。於是接著說：「如果你還是想繼續工作，並且隨時維繫親人的狀況，我認為你首先要做的就是將工作做一個妥善的安排。假如真的需要公司幫忙，需要留職停薪，我也支持你。我要跟你說的是，你要調整好心態，總是掛著憂愁的表情，那麼家人也會受到影響。」

我對他談起我母親生病期間的事情：「雖然當時母親生病，再加上工作壓力大，可是我從來不讓她看到我憂愁的樣子。我很認真的想，該如何用極少的時間做最高質量的陪伴？我沒有辦法替她生病，但我可以幫她找解決方法，並且安撫她。所以讓自己保持愉悦的心情，的確會影響生病親人的情緒。」

我說完後，他說自己從來沒想過這些，直到剛剛，他還想著為什麼自己會有這麼多考驗？為什麼工作這麼忙的時候，家人卻發生這樣的事情？在聽完我的分享後，他豁然開朗，有了明確的方向去做安排。從此例來看，有時你可以分享自己的經驗，並且以更多的同理心，來幫助他人處理壓力。

第三個例子，是個我不需要給予過多指令，自己就會做很多安排的同仁。有次，他說想開發新的市場，雖然我認為時機還不夠成熟，但他既然主動提出來了，那麼我就給予支持。

後來我發現，他這次所做的種種安排和拓展都不見成效，不過我只是問他：「有沒有什麼事情需要我幫忙？」起初他都跟我說沒有，而我也沒有多說什麼。接著又過了一段時間，他的業績依然沒有起色，於是我說：「你做得已經很不容易了，但是目前為止成效都不彰，你有沒有哪些地方是需要我幫忙的？」這次，他終於開口：「請你給我建議。」

我說：「為了讓你成功，我一定會全力支持。在這裡我的建議是，你需要調整……。」聽完我的建議後，這位同仁茅塞頓開，同時也減輕了壓力。接著我又說：「你要學著尋求團隊協助，因為你一個人在這個區域一定會忙不過來。」他也真的照我的話去找其他人合作，然後順利的把那個區域經營起來。

除了給他人支持之外，在適當的時機還是要給予建議，實際減輕他的壓力，才是真正能處理壓力的領導力。

天花板到了？團隊遭遇瓶頸與挑戰，應多鼓勵少施壓

團隊合作常常會發生變化，比方說同仁明明一直表現得很好，卻總會有一段時間不如預期。這是經常會發生的情況，人會依照遇到的狀況不同而有不同表現。

有一位同仁自律甚嚴、認真，很喜歡工作的氛圍，可是有一段時間他的業績突然上不去。我們公司不僅需要個人客戶，也需要公司客戶，可是他在開發公司客戶這部分遇到了瓶頸。

我知道他非常挫折，依慣例我會找進度落後的同仁談話。當我找他時，還沒開口，他就自責到不行，覺得自己怎麼都做不好。此時，我再責備他也沒有用。

我說：「我相信你的自律，而且從你過去的成績看得出來，其實你非常的堅定，而且非常用心服務客戶。現在只是暫時落後，我相信將來你會有更好的突破。」接著，我開始和他討論目前遇到的狀況，該如何因應，並給他方向。

當一個人在自責時，如果你再給他打擊，他的自責感會更深。經過討論後，他開始有了一些進展。沒想到世事難料，這時他的孩子早產，出生後健康出現問題。事出突然，深深打擊了他。雖然他的父母可以幫忙帶孩子，但這麼一來，業績又掉下來了，再加上孩子的病情不見起色，他便萌生離職的念頭。

我跟他說：「孩子發燒要找出原因，這段時間你不要擔心工作，先把家裡的事處理好。我給你一個月的時間，留職停薪把家安頓好後，再回來工作。」

他很感謝公司，讓他能有一個緩衝。還好檢查以後確認沒有大問題，只是誤診造成孩子一直發燒，找到病因後一個禮拜，他就回來了。我再度詢問他：「你要不要先把家裡安頓好再回來？」他很肯定的說：「已經沒問題了！」

之後他在工作上變得更加投入，公司的支持和主管的信任，讓他的業績急起直追，後來名列前茅。激勵加上期許，讓他產生可以做得更好的力量。不是以施加壓力的方式，而是從他做得很好的地方延伸，讓他從好的基礎，延伸到更好的未來。

身為主管，大概不會有風平浪靜，什麼事都不會發生的時刻。記得我接任蘇州和杭州兩個團隊區總時，我發現兩邊是很不一樣的團隊。蘇州的同仁比較資深，對卡內基的認同高；杭州的同仁比較資淺，幾乎都是九〇或是八〇尾巴的年輕人，所以需要用不一樣的方式來激勵。

當時杭州的狀況比較特別，換過兩任主管後才由我接任，比較難帶起來。因為每個人在意的點都不一樣，只要講到工作，年輕孩子們的臉就綠了，不過要是說到家庭或是開心的事，他們就很高興。只不過業務單位還是得做業務，那麼我該如何溝通，又該如何讓他們的腦袋產生畫面呢？由於同仁們比較資淺，即使苦口婆心可能也無法呈現全心投入的畫面感。所以，我決定做個兩區的交流。

每個禮拜我到蘇州時，就會帶杭州比較新的業務同仁一同前往。當我在忙其他事情時，便會讓杭州的同仁去跟蘇州同仁談話，學習他們打電話的技巧，以及如何做開發，並把蘇州的氛圍帶回杭州。

後來同仁回去後不管辦公室的氛圍如何，都能很投入的去做電話開發。我見這招有效，便讓行政同仁也輪流做交流，另外還辦了「蘇杭一家親」活動，兩區同仁在假日彼此交流，除了吃飯聚餐外，還做了很多的互動。之後，工作氛圍果然和剛開始時非常不一樣，蘇州同仁會覺得更有責任去帶動杭州同仁，杭州同仁也會產生真正投入的畫面感，組成一個更用心幫助客戶的團隊。

若你用一般方法帶不動團隊時，可能要思考看看，或許他們不是不願意，而是腦子裡沒有畫面與想法。這時應該讓他們**見見不一樣的團隊思維，體驗不一樣的工作氛圍，跳脫現況就會有突破的機會。**

連桂慧老師的正能量小故事第㉗～㉘週

一直激勵團隊同仁，使他們保持熱忱和信心，並不是一件容易的事。我們都會遇到來自外界的挑戰，進而影響到原訂的計劃和剛開始建立起來的信心。

我很喜歡帶高雄團隊，原因除了同仁們相當資深之外，每個人對客戶、學員或是教學服務，都有很好的品質以及相當高的自我要求。他們的業績向來都是在一千多，當時我就想，其實可以再把目標設高一點，來激發他們的潛力。

「我們高雄團隊是這麼的強，其實是可以超越自我極限的，不如今年來創新自己的紀錄吧，把我們的業績目標設為超過兩千。」我把這個想法說出來後，很多人都瞠目結舌。有位同仁對我說：「桂慧，我在高雄團隊已經待了二十幾年，業績從來沒有超過兩千，一千多就已經是我們的極限了，怎麼可能超過兩千？」

不過從我的角度來看，這確實是可以達成的。我說：「一定可以做的到！」在此之後，我們做了很多改變，激發出很多創新想法。沒想到就在建立團隊的信心後，外界的挑戰接踵而至。

想必各位對高雄氣爆的慘況都還記憶猶新，半夜發生氣爆炸掉了整條街，而高雄辦公室正好就座落在危險區的邊緣地帶。情況相當嚴峻，一時間備受各界關注，當時又是暑假招生旺季，很多家長擔心的打來詢問：「這樣子還可以上課嗎？」

我們老闆還特地打電話關心狀況，他說：「桂慧，你的業績目標是否訂得太高了？尤其現在遇到這種特殊狀況，可能需要再往下調。」然而，我還是很有信心的回答：「黑先生，不用往下調，我相信我們的同仁可以做到。」隔兩個禮拜後，換執行長也打電話來關心：「桂慧，我看現在氣爆的狀況真的非常危險，你們的業績一定會受影響，調降目標沒關係的。」

我當時覺得，能遇到這麼好的兩位老闆真是幸運。他們不光是推動我們把目標達成，還會體諒我們的狀況，准許調動業績目標。但是當時我還是堅持原先的想法，我說：「謝謝你給我們的鼓勵和關心，我心裡有數，但是我還是相信同仁們可以做到這個目標。」

氣爆之後，也真的如我所相信的，同仁們沒有因此鬆懈。然而，屋漏偏逢連夜雨，那年除了氣爆之外，還有個颱風直撲而來，在全台灣都沒事的狀況下，唯獨高雄淹水。由於氣爆後很多街道的排水管不通，導致從來沒出過問題的教室開始漏水了。

面對這個狀況，連我都措手不及。包括教室整修，以及臨時調度等等，無形的壓力激增下，都嚴重影響到我們面對挑戰的信心。於是當時一方面處理外在的挑戰，著手預備方案，重新再做一次教室、講師的安排，另一方面則是重新建立同仁們內在信心的喊話。

我對大家信心喊話說：「以現在的狀況，說真的，我們若是要調降業績是沒有人會反對的，無論是老闆還是其他區的同事都會明白，以我們現在的處境要達到目標是有困難的。可是各位，放棄很容易，就只有簡單兩個字，但是堅持下去卻需要仰賴我們的信心。你能想像嗎？若是我們在這麼危急、嚴苛，甚至所有人都不看好的狀況下，還能達到今年的業績，那麼我們贏得的不只是達成業績的獎勵，還有所有人對我們的尊敬。我們要在其他人都對我們沒有信心的時候，跌破大家的眼鏡。」

「有一種堅持叫作內在信念，我希望各位抱著這股內在信念，不要放棄。假如到了九月三十號的晚間十二點，我們盡全力了還是做不到，到時候你再告訴自己：『我們盡力了。』但在這之前，我不希望輕言放棄。」

那一年，高雄團隊的業績真的突破了兩千大關，成功創造從來沒有達成的目標。

當其他人都認為我們團隊創造了奇蹟時，我內心明白，這並不是奇蹟，這是所有人合作、彼此幫助、共同解決問題、保持信心，一起參與用盡全力，最後才能在重重壓力下，突破困境取得成功的果實。

連桂慧老師的正能量小故事第㉙週

時常有主管學員問我：「有時同仁常會做不好，我應該要如何去引導、協助他？若是他屢次犯錯，而且還不知道自己的問題在哪邊的話，該怎麼做才好呢？」

記得我在杭州帶團隊時，有位行政部門的同仁常有疏失。第一次和他說時，他覺得：「這以前沒人告訴過我。」第二次再和他說，他則回答：「我的工作範圍似乎不包括這些。」卡內基向來鼓勵同仁積極主動，他的回應讓我愣住了。

剛開始我也很想生氣罵人，但後來想，這樣子無法解決事情。以年輕人的角度來看，在犯錯被責罵的時候，往往會先找理由保護自己。後來我想到一個方法，便將他找來，先肯定他行政方面做得好的部分，後來再用證據來說話，我說：「上禮拜一件行政的事有疏失，我知道你不是故意的，並且很想要把事情做好。那麼，要是時間能重來，你會如何處理這件事情，讓它比現在的狀況更完善？」

我這麼問之後，他沒再找藉口，也沒再推託，他說：「我會事前再做確認，結束後讓講師看一遍，再把資料發出去。」

我很開心我們不是在衝突中結束，而是進行了一次氛圍很好，又有建設性的談話。從那一次開始，我發現這位同仁的自信增加，並且做事比較有擔當。

當他把事情做好，你的肯定能讓他保持心情愉悅，並且建立信心，這是因為他覺得自己有能力可以去處理這件事，而不是老是犯同樣的錯誤，總是感到挫折。

在帶團隊時，雖然責備是比較快收到效果的方法，但日後還是有可能會重複犯錯。假如能讓他回顧一下，問他「若時間重來一遍會如何？」對方會更願意把責任承擔起來。

連桂慧老師的正能量小故事第㉚週

在合作過的企業中，我發現許多主管最害怕公司有本位主義的情況發生。除此之外，讓人困擾的則是跨部門溝通如何才能有更好的突破。

二〇一四年，我再次回到大陸帶領團隊，這次同時要帶蘇州和杭州的人員，其中我發現兩區團隊是兩種截然不同的性質。

杭州區的同仁普遍較年輕，年輕人想法、渴望的和喜歡的都和我大不相同。所以可以跟他們談很多，從生活、去哪裡玩，都能跟你談得很高興，但只要提到業績，就會開始有以下反應：「喔，我頭痛！」「唉，這讓我壓力好大。」

這就是杭州團隊的問題所在。我該如何有效降低他們的壓力？面對這一群年紀較輕的團隊，我主要的目標在於，讓他們能看見自己的優點，進而讓他們在工作上創造自己的價值。

反觀蘇州的團隊則顯得安定許多，然而安定也會導致問題發生，蘇州團隊的企圖心較小，儘管在工作上所有人都一樣的認真投入，他們卻渾然不覺已經把自己侷限在框架裡了。蘇州團隊相當尊重主管，許多事情都會來詢問，不過我想讓他們知道，自己的格局是可以再放大的，大到無限大都沒有問題，並且可以自己主動去做更多發揮。

當時我採取一個策略，叫做「容許犯錯」。首先賦予他們絕對的信任和權責，鼓勵他們去嘗試。試了以後發現做不到也不要緊，反正身為主管的我會幫忙扛下一切。在這樣的鼓舞下，較為保守的同仁便開始做一些不同的挑戰，比方說會開始提議：「無錫也是個很好的市場，我們可不可以去那裡做開發？」

我說：「很好啊！當然可以，我完全支持你。」我讓他們有一個新的想法，就是讓他們知道，其實自己是可以走出去做些和以往不同的挑戰。如此一來，在同仁建立好信心以及彼此信任後，就可以將部門溝通做得更好。

當時我為了改善本位主義所造成的跨部門溝通問題，藉著卡內基叢書眾多的優勢，為兩區的團隊人員舉辦了讀書會。我說：「你們可以用任何方式來分享你的讀書心得，但是必須要用簡報呈現，讓我們知道你看到那個單元的哪裡好。」

透過讀書會還讓我挖掘到了一個人才，他是行政部門的新人，卻有著相當棒的簡報能力。我把他轉到行銷部門後，他說其實從前自己就對行銷很感興趣，不過一直以來工作都不是做這塊的，所以沒想到自己有這樣的才華。

不只是讀書會，後來每週的週會我讓員工輪流當主席。為什麼要這麼做？因為看別人做，心裡會覺得這件事易如反掌，等到自己成為站在那裡的角色，才會明白，事情並不是想像中的那麼容易。透過輪流當主席，一方面大家會更遵守週會的規則，另一方面也會了解到別人做這份工作的不易之處。

激勵小語

想讓他人將心比心，感同身受，你可以使用一些較創新的方法，調整原先的工作模式，打破本位主義，讓跨部門溝通更容易突破。

害怕失敗？抱持「盡力就好」的態度，勇敢嘗試

在推動改變或是進行調整時，其實有很多不可控制的因素存在。卡內基有一條原則是「你只要盡力而為即可」。這不是消極，而是站在正向的角度。

比方說自我要求高的人常會覺得做不到怎麼辦？倘若你盡了全力，做不到也只能接受。所以對於團隊中自我要求高的同仁，我常說：「只要盡全力，不論最後結果如何都要接納。」我們**應該把很多事當成樂趣看待，尤其是新事物，不應該當成壓力**，不然會沒辦法進行下去。

記得在成立開發組時，我認為應該要做一些同仁們平常想不到的事情，才有辦法翻轉，幫助公司做不一樣的調整。雖然開發的結果不一定每次都會成功，但仍要勇於嘗試。那時我們做了三件很有意思的事情。首先我們去了宜蘭，當時雪隧開通，交通便利，我們心想宜蘭應該有很多愛學習的人，但是不一定會來台北上課。所以我們就到當地辦高階主管研討會，邀請企業主一同參與體驗卡內基課程。

雖然結果不符合期望，參與人數不多，而且有些人覺得自己現在就很好，不用再成長。但是那一場研討會辦得很成功，順利簽定兩間公司的企業內訓。總體來說，對大家都是一個很好的嘗試。

後來我們去了內湖，發現很多公司從內湖坐捷運到台北市市區還是有一段路，所以找了一個場地辦體驗會。這一場體驗會很有意思，除了把一些老客戶找回來之外，當老客戶帶新客戶來參加時，還能享有優待。雖然後來沒能在內湖開辦課程，但是藉由活動，讓當地更多公司了解卡內基，對我們後來的企業派訓很有幫助。

由於地緣關係，公司裡沒有人想主動做開發，但自從開發組做了以後，多了很多邀約客戶的平台。當時開發組的同仁很有創意，問我：「連老師，其實很多ＨＲ都想做培訓計劃，可是又不了解卡內基，我們可不可以做產品說明會？」我當然覺得沒問題。

後來三名開發組的同仁，自己討論如何帶產品說明會，從頭到尾我都沒有參與，只給予支持，告訴他們若是需要資源，都可以跟我說。他們三人都有各自的成功經驗，也覺得這對公司是個很棒的創新方式，最後活動時有一些對卡內基不了解的人力資源主管前來參與，並獲得很好的幫助。

在調整還有創新的過程中，雖然要拚盡全力，但是在結果出爐後，告訴自己盡力而為就好。把努力的過程變成一種樂趣，同時也是很棒的回憶。

連桂慧老師的正能量小故事第㉛週

人要改變很不容易，尤其當你有新點子或新方案，想改變大家一直以來習慣的方式時，就更不容易。

我到高雄帶業務團隊時，那裡的同仁都非常資深、優秀，只是稍微「保守」了些。比方說，在設計課程的過程中，同仁傾向使用最有效、最能影響別人的經典課程。但很多客戶會重複購買這類課程，如果沒能提供新的方案給客戶，他們便會覺得「其實沒有那麼急迫」，就慢慢的來。

到了高雄，我思考著如何讓大家在業績上有更好的突破？當時景氣不是那麼好，想讓企業買單，的確需要做些調整。帶領團隊時要更有彈性，並且給予更多支持。

所以那時我說：「沒有關係，你們去拜訪顧客，問他們的需求，顧客提什麼需求都可以放心，因為卡內基有兩百多種課程模組，怎麼可能無法設計出符合客戶需求的課程？我在大陸跟台灣都待過，課程設計還有教學都難不倒我，而且團隊裡有這麼多資深的同仁與資歷超過五年、十年的講師，有什麼好怕的呢？」

在我鞏固信心後，發現同仁們開始願意接納，去做一些拜訪。結果那段時間業績非常好，我們做出很多課程方案。

記得有次，民生醫院和聯合醫院的需求是：沒有辦法一次上完三個半小時的課程（大部分課程是一個單元三個半小時），因為醫生要看診，護理長也有病人要顧，所以他們無法使用這樣的模式上課。於是同仁覺得很困擾，該怎麼辦？沒關係，對方的要求是兩個半小時，那我們就調整課程，拆成三個單元，讓他們能用兩個半小時上完，這樣就可以開課了。

當時嘉義基督教醫院的陳院長是我們的老客戶，很支持卡內基，除了自己上過許多課程，院內所有主任也都上過卡內基管理的課程，護理人員則是上溝通課程，陳院長非常用心的栽培同仁。

他們上課的人數將近快一百人，不過陳院長問：「我該如何讓同仁們落實卡內基高績效經理人卓越的課程？」他需要讓上卡內基的醫生們可以用一天的時間複習、推動跟執行。我聽了以後覺得課程可以量身訂作，經過相互協議後，辦了三梯次，讓很多同仁都受惠。即便是沒上過的人，也能透過上過課的同仁增進能力。

要讓別人接受你的想法，並得到合作，關鍵就是自己要有彈性，並且要灌注團隊「我們可以做到」的信心。當你的背後有著專業知識這樣強大的資源時，只要讓同仁不會害怕改變，讓他們有著被支持的感覺，就能增進信心，提升業績。

只能被討厭？錯！寫卡片傳達謝意，肯定部屬的表現

身為領導人，除了要在團隊士氣低落、信心不足時，去激勵同仁，還要經常肯定團隊中每個人的價值和表現。身為主管時常會有很多緊急事件要處理，搞得你多半的注意力都放在處理事情上，而非員工身上。

在卡內基有樣東西，叫做感謝卡。平常在授課時，我都會鼓勵學員寫感謝卡給講師。我也會在自己的桌上放一盒空白卡片，只要抬頭看到那盒卡片，就會提醒自己，若是看到同仁完成一件具有挑戰的事情，或是教學上有所突破，就寫下來表揚他們。

另外，我們在開會時，除了正常程序的業務進度報告和工作報告外，還會在開場時先談上禮拜的好消息，接著是我會帶頭給予每位在工作上、教學上做得好、有收穫，或是服務顧客值得讚賞的同仁肯定和讚美，透過這樣的行動讓他們明白，他的努力和付出有被看到。

這樣的方法等於是在創造一個互相支持的氛圍，在這個良善的氛圍裡，同仁們會學著去鼓勵、肯定其他人，共同營造令人感到舒服的工作環境。

就算是在家裡，我也會這麼做。在家人團聚時，我經常會當眾表達對他們的感謝。這樣的行為能讓彼此的心更貼近，就算面臨挫折或是難受時，只要想到身邊的人的支持，就會有股力量讓我勇敢的去突破困境，解決問題。

連桂慧老師的正能量小故事第㉜週

一個團隊中有表現非常好的成員，當然也有表現平平，或是落後的成員。帶領團隊需要肯定每一個人的價值，但他們各有特色跟價值，你該如何做肯定？

我們在業務週會時，會先做表揚跟讚美。這為團隊打造了一個非常好的工作氛圍，公眾表達對同仁來說是很好的激勵。有些時候想感謝，人這麼多不可能一一站起來表達，所以我們有讚美卡和感謝卡供同仁使用，這讓大家在面對一整個禮拜的工作時會更開心，更有動力。

前陣子卡內基的台北辦公室剛好搬家，大家正在打包資料。我收到好幾位同仁發訊息來告訴我，他們在整理資料的時候，整理出一疊我寫給他們的卡片。

有一位同仁拍給我看，他說：「連老師，我在搬家的過程，剛好家裡也在搬家，我發現在卡內基的十幾年，收到最多的卡片就是你寫給我的，現在重新再看這些卡片好有感覺，原來那時候你就看到我的優點，即使現在用到工作上還是很有幫助。」我聽了很感動，其實我已經忘記自己說了些什麼，但是能讓他記住，並且到現在還有激勵效果，那便是一件很好的事情。

還有一位同仁拍了我寫給她的感謝信，也讓我很有感觸。所謂的感謝信，是我時常會在課程裡鼓勵學員，寫封感謝信給你生命中的貴人，每次在教學員寫的時候，我自己也都會寫一封，不過因為課教得多，所以我寫得蠻頻繁的，可能一個月常常都在寫感謝信。

除了寫給家人、生命中的貴人，我覺得工作中的貴人也很重要，尤其是寫給團隊同仁，他們會很有感受，除了默默的開心之外，還會覺得原來主管有看到自己的努力及用心。

當主管的要常常肯定團隊中每個人的價值，而不是只看做得不好的部分。如何才能發現大家的價值，是身為主管要刻意提醒自己，花時間也要去研究的課題。

向上溝通出問題？只要出發點是……，就別怕說出口！

想要快樂的工作，和老闆之間的溝通能否保持暢通很重要。我覺得在卡內基工作很幸福，我的老闆很開放，願意溝通，也會接納建議。

但有一點要注意，你**在跟別人溝通時，尤其是跟上級溝通的過程裡，不要使有情緒化或是帶有批判意思的字眼，如果真的要溝通或是建議，盡量舉實際的例子，用符合現實狀況的方式來談，比較能取得彼此的共識**。

曾經有位台灣資深同仁問我：「桂慧，你在公司裡算是很敢講話，很敢給建議。難道你都不怕嗎？」我反問：「怕什麼？」他說：「你不怕老是給一些突發奇想的建議，老闆會對你產生不同看法嗎？還有，若是你提出的建議老闆不採納，你不會感到鬱悶嗎？」

聽完這個問題我笑了，我回答：「不會，兩個原因。第一個是為什麼願意給建議？因為我喜歡這份工作，喜歡這家公司、希望公司好，所以我會直接給老闆建議。我的出發點是為了公司著想，如果老闆因此對我有不同看法，那就表示我們的頻率不合，那麼這就另當別論，我有自己的認知跟想法。」

「第二個，我給老闆的建議，他不聽也沒關係。因為老闆的思維本來就和我不同，他是公司的主人。我看到不妥的地方給予建議，他聽不進去表示他有承擔失敗的能力，他一定比我們強，至於要不要採納建議本來就是他該去判斷，所以這有什麼好顧慮的？」

和老闆溝通時，最重要的是你現在給的建議，出發點都是希望團隊和公司可以

變得更好。當用這樣的角度去談時，便能平心靜氣，客觀的去看待事情，不是只陷入自己的情緒中。

在跟人溝通時，請盡量舉實際的例子，減少使用負面情緒的字眼，便能讓溝通更加順暢，還能因為得到比較多的支持跟資源，讓工作與生活都非常開心。

連桂慧老師的正能量小故事第㉝週

最近在台灣最火熱的話題就是一例一休，我們老闆也認同一例一休，於是便想要效仿，讓員工能在週日好好休息。但這畢竟是在台灣實行的政策，而不是大陸。然而，有許多主管都是台灣大陸兩地跑，老闆很有愛心，他覺得就算大陸法律沒有規定一例一休，也應該要想辦法讓同仁在忙碌的教學中有喘口氣的時間。

其實這件事要實施困難度非常高，可是老闆的用意是好的，當老闆提出來這個建議後，我就想，該怎麼讓同仁以及客戶都能接受這個改變？並不是要馬上就能運用，但至少可以接受。因為有很多企業內訓的上課日都是訂在週六日，的確會影響到員工的休息。此外，若是週日不能排班的話，也會有同仁覺得無法跑案子，會影響到業績，或是有些企業客戶會說：「我就非要六日不可，不能排其他的時間。」

因此我提出了三個改善方案，我對老闆說，非常謝謝你對員工的這份愛，即使大陸沒有一例一休的政策，你還是希望能盡量讓同仁休息。之前包班上課的企業內訓，週一到週日的一般課程裡，我們都會給予八五折的折扣，現在為了一例一休，我們可以分成三個方案：第一，假如客戶選擇週一到週五上課，仍然保留原來的八五折。第

折。第二，若是選擇週五週六上課，則是從八五折變成九五折。最後，顧客如果非要選擇六日的時間，那我們只能用原價幫他們上課。這樣，不光是讓顧客有所選擇，也讓我們的業務同仁有比較好的說服力。

結果，老闆聽完後頗為認同。他說：「你可以用這個想法跟在大陸工作的同仁溝通看看，至少不是硬要實行一例一休，而是讓員工和客戶都慢慢適應制度的改變。」

無論是老闆還是主管，都喜歡藉由客觀的數據，來分析優先次序和利害關係。所以利用數據來提出建議，其實接受度會比較高，彼此的溝通便能更好。

簡報時若總是風平浪靜，那麼人生就不有趣了。有人下戰帖挑戰你，其實是一件很好的事，因為這能考驗你隨機應變的能力。

第 4 章

宏效簡報篇：說服客戶、說話有趣的11堂課

要上台演講、簡報有正能量，卡內基傳授4重點

演講並沒有想像中的那麼困難，想要講得好有四項要點：

1. 提醒自己要自嗨。
2. 記住你要表達的重點。
3. 運用故事方便記憶。
4. 經常與聽眾做互動。

從我多年演講及上課的經驗來看，在演講、簡報的過程中，第一個要點是自嗨。

每當我這麼說，底下的學員就會笑著問：「老師，自嗨是什麼意思？」我都會回答：「自嗨的意思就是，台下聽眾會受到演講者的情緒影響，決定他們要投入多少心力去聽你說話。」

的確，演講者的情緒會跟台下聽眾的情緒做連結。當演講者高興時，台下就會跟著高興；當演講者很有自信，台下就會很有自信；當演講者表現得很專業，台下就會跟著很專業。

所以，自嗨很重要，永遠不要期待聽眾，甚至以為要求他們「你們開心一點」「熱情一點」他們就會做到。唯有演講者運用自信、信念和熱忱去帶動，才能辦到。我常和學員說：「如果你要台下的聽眾投入度十倍，台上主講者至少要有三十倍的投入度。若是要聽眾專注力十倍，主講者的專注力至少要有三十倍以上。為什麼？因為人需要被激勵及提醒。」

換句話說，**不管台下的反應是什麼，主講者要很堅定，很有信念的去帶動情緒，才能將演講的氛圍、結果掌控在自己手上**。

第二個要點是重點式表達。我曾問學員：「這半年內，你有沒有聽過很精采的演講？」大部分的人都會回答有，我再問：「那場演講大概耗時多久？」有的人會說兩個鐘頭，有的人說三個鐘頭。當我再問：「你現在還記得的重點有多少？」結果多半只能用一句話歸納，好一點的頂多兩、三個。

由此證明，即便是一場精采的演講，能讓人記住的部分並不多。因為人的專注力很有限，所以在演講時要記得提醒自己，不要以為聽眾會從頭專注到結束。在兩個小時甚至更長的時間裡，他們不可能一字不漏的記住你講過的內容。因此，你的**重點不要太多，然後依照這些重點去發揮，有邏輯做整理就已足夠**。

再來，該如何創造印象深刻的記憶點？說故事是個很好的方法。人們從小便喜歡聽故事，沒人喜歡聽大道理。**透過反覆證明，說故事的方法能讓大家印象深刻，同時記住故事背後要傳達的精神和理念**。你可以舉出真實發生的案例，無論是別人的還是自己的親身經歷，都能和人產生共鳴，進而留下深刻的印象。演講結束後，聽眾也許不記得你，但他們很可能會記住你講的故事和代表涵義。

在某次演講時，我提到感恩。當時有位學員說：「我想感謝我的母親。老師你說可以用寫信的方式，可是我的母親不識字，而且我們家不習慣口頭表達感謝。」

我和學員分享自己的親身經驗，說：「你的想法我可以理解，其實我的母親也不識字。當我第一次上課的時候，最想感謝就是她，因為她幫助我很多，像是支持我的工作。所以我寫了封信給她，並打電話給我父親說『爸爸，我寄了封信給媽媽，請你在收到信後念給她聽。』後來有一天，我父親打電話給我，他說『你知道嗎？你媽媽每晚看完電視，總會叫我把信念給她聽，她真的很高興你寫那封信給她。』你不妨試試看，如果隔壁鄰居願意幫忙，你可以請他們把信念給你媽媽聽。」

事隔許久，後來這位學員打電話給我，感謝我鼓勵他這麼做，因為他真的寫了封信給母親，請住在隔壁的堂哥念給她聽。過年回去時，他的堂哥說：「嬸嬸每隔一段時間就會拿著你的信，跑來要我念給她聽，念到我都能背出那封信的內容。」由此可知，**用自己的親身經歷引導他人，的確能讓人採取行動**。

最後，要如何透過演講讓聽眾得

到更好的收穫？互動很重要，不要只顧著在台上自己說，要用不同的方法盡量和聽眾互動。

在卡內基，共有十二種方法可以和聽眾建立和諧關係，讓演講者了解互動的重要，**永遠不要當一個自說自話的演講者，那樣無法為底下的人帶來好的影響。**

這就好比是成人教育和一般學校教育不同。學校的教育是老師在台上講多少，底下的學生就各憑本事的聽。然而，成人教育則是在台上說完後，底下給予反應，這些反應不僅能刺激其他人想出更多不同的點子，產生良性的循環，幫助整場演講、簡報的氛圍熱絡起來，也能使聽眾得到更多收穫。

跟聽眾互動的過程，有各式各樣的方法可以利用，你可以善用自己習慣並覺得有趣的方法進行。要讓聽眾一起互動，提問後討論，是一個很好的方法，腦力激盪後，或許能以舊點子創造新的好點子，於是大家便能對議題進行更深入的探討。

有一些行業可以用示範的方式跟聽眾互動。比方說，有一位學員的公司在做手機外殼，公司號稱「碎屏」專家，以摔不壞為宗旨。因為手機很貴，假如螢幕碎掉了修起來會讓人很心痛，這位學員就以這主題做示範。他說：「我們常常走在街上，手機就隨手塞進口袋，常常一個不小心弄掉時，心就抽了一下對不對？這時你心想完蛋，螢幕可能碎掉了。可是用了我們公司的產品，手機外殼和螢幕都不會碎掉，撿起來還是完好無缺。」

這位學員用這種方式讓大家覺得他說很有吸引力，並且覺得有趣，甚至還有聽眾問：「那我可不可以摔摔看呢？」其實，這就算是達到效果了。

另外，也可以用生動有趣的方式帶活動。有位講師很擅長用魔術做互動，他每次的魔術，最後總結都會和上課的主題連結。

不是每場演講大家都喜歡聽，要如何吸引聽眾的注意力，需要方法。有一次，一位大學教授覺得卡內基對他的幫助很大，邀請我去他們學校演講，當天我早到了快一個小時，這位教授忽然很嚴肅的跟我說：「連老師我要跟你講一件事情，我們學校的禮堂剛整修過，椅子舒服到就像電影院一般。」我說：「那不是很好嗎？」他說：「不好，大學生晚上都不怎麼愛睡覺，又是被要求來聽演講的，等會兒大家一坐，陷進椅子就會睡著了。」我覺得這不是問題，到時再來想辦法就好。教授接著說：「以前很多來演講的名人，不管台上講得如何精彩，都還是會睡一半以上，不過我相信卡內基應該能讓九成以上的人醒著。」他這麼說完，我心想不會吧！每次演講有一兩個人分心我就很難過了，更何況有一成的人不聽。於是我說：「好，我來想辦法。」

場勘時發現麥克風是有線的，我問：「可不可以改用無線麥克風？」工作人員說沒有無線的，接著我問：「那線可以拉多長？」他說：「線可以從講台一直拉到禮堂倒數第三排。」心裡有底了之後，我繼續觀察講台離學生坐的位置高度，心想等一下要來一個讓大家覺得有趣，又可以吸引注意力的動作。

一開場我先給了個非常熱情的問候，然後說：「今天我們要來做一場不一樣的演講。」說完，我就從講台往下跳。沒想到真的達到效果，那些本來昏昏欲睡的同學們驚醒說：「那個講師跌倒了！」學生們開始探頭探腦。

其實我並沒有跌倒，只是從講台跳到跟他們一樣的高度，接下來的演講，我也盡量使用不同的動作讓他們覺得有趣。結果那一場演講非常成功，總體參與度非常高。

後來，那位教授回饋我說：「連老師，我看過這麼多演講，發現卡內基真的可以讓學員得到收穫，又不會覺得枯燥。」

當你在帶動現場氛圍的過程，請試著用不同方法吸引聽眾的注意力，要以觀眾的角度來看，而不是想做什麼就做什麼。不同觀眾有著不一樣的背景，需要和想要的會有所不同，所以要思考觀眾想要什麼，才能讓他們有所收穫，以這個方向做準備，演講就會更加成功。

不想讓人鴨子聽雷，得搞清楚到底誰在聽

我經常聽人說：「演講哪有這麼簡單？光是事前準備就很有壓力，讓人開始覺得緊張。」

在收到演講、簡報的邀請時，我往往會**先做訪戶確認，了解這次台下的聽眾是什麼樣的人**？有什麼樣的背景、需求、層級，在收集完這些訊息後，**接著是詢問主辦方，了解他們的期望和需求、講述的時間長短**，如此才有準確的方向可以著手，也才有把握達到讓參與者更有收穫的目標，讓他們留下好印象。

若是以上資訊能夠收集完整，當然會比較容易做準備。但有些時候並不是這樣，也許參與者囊括了各行各業，甚至年齡層有所差距，這時候該怎麼辦？建議你透過主辦方，確認這場演講希望達到的效果。

舉例來說，有次慈濟因為我的上一本書《說好話的力量》，邀請我去演講，一共有五百多人參加，我照慣例問：「來的都是什麼樣的人呢？」

對方說：「除了慈濟的師兄師姐外，由於演講是公益、公開的，所以什麼樣的人都會有，附近居民也會來共襄盛舉。」

這是一個相當廣泛的範圍，我繼續問：「你們當初想辦這場演講的理念是什麼？希望能夠達到什麼目的？」

對方回答：「我們一直以來都在做散播正能量的事，因為老師寫的《說好話的力量》正好符合我們的理念，所以希望你來做演講，讓更多人體會到正能量的美好。」

問完以後，我更清楚他們的精神和方向，就是散播正能量、善的信念。有了方向後，我在準備演講時就變得簡單許多，準備起來也比較開心。最後，在演講時，只要展現自己的自信、信念、勇氣，便能幫助演講的表現更完善。

卡內基有開設演講班課程，來參加的學員大部分都是公司主管。課程需要多次上台練習，並有兩位講師在旁協助錄影，練習結束後會帶學員到隔壁教室，回放剛剛的表現過程，提點好的部分，並指導需要改善的地方。

記得有位學員一來就說：「我需要突破，在台上表現得更堅定，主持會議時，同仁都聽我說話。」但在開始指導時，他卻不斷抗拒說：「這不是我說話的方式，我平常不是這個樣子！」這時我說：「你不是想讓這部分的能力變得更好嗎？如果你一直用原來的方式，就沒辦法更好。」結果他依然抗拒，給他的指令練習始終做不出來，急得我滿頭汗。

課程總共有七個練習，到第四個練習時，我心想，其他人的突破都很大了，只有他還是小幅度成長。雖然他本人覺得進步很多，但我覺得他可以更好，希望他有所突破。因此要求他：「你試著放開自己，有沒有嘗試過讓自己抓狂？」他給予否定的答案。接著我問：「那你有沒有大聲講話過？」還是否定的答案。我說：「那你今天就來進行這項嘗試。」不過他還是做不出來，只是在台上不停說著：「我做不到。」

沒辦法了，我乾脆直接示範給他看。我面對他，示範放開抓狂的樣子給他看，結果他當場愣住。示範的過程裡，我戴的手環還因此摔碎了。這時連其他同學也都愣住了，紛紛和他說：「你看老師這麼賣力的示範，你可不可以也照著做？」

於是，他才放開自我嘗試。之後，整個人變得完全不一樣，在台上的魅力、感受、表情都大幅提升。後來他在總結收穫時說：「其實我很害怕改變，可是又明白自己需要。因為害怕改變，所以每次都用藉口來告訴自己做不到，在課程裡，透過老師的示範，我學會什麼叫做全心全意的投入。只要願意全心投入，就會有收穫。」因為我的示範，讓他願意嘗試走出舒適圈，放開去做原本害怕的事，勇於突破。

其實有很多人，即使你在背後推著他，還是做不了，在前面帶著他，仍舊做不了，最好的方式就是示範給他看，讓他知道你想表達的是什麼，這便是一種影響力和正向感染力。

連桂慧老師的正能量小故事第㊲週

記得有次為一家公司上內訓課程，我請每位學員自我介紹，請他們說出來上課的需求。有位學員一上台就說：「我最討厭培訓！以前我都是簽到了就走，所以這次被派來上課，我一樣很抗拒。要看老師有沒有能力，能讓我心甘情願的留下來上課。」

話一結束，大家都用欽佩的眼神看著他。我稱讚他說：「謝謝你坦誠自己的心情，你有這樣的心情是很正常的，因為每次上課，都會有一位這樣的學員出現，我很謝謝你願意告訴我。來上卡內基的人確實分成三種。第一種是被綁架來的人質，第二種是來度假的，第三種則是來挖金礦的淘金客。我今天的目標，就是讓被綁架來的，離開時心情愉快的原諒綁你來的老闆。來度假的除了心情愉快之外，還能學到東西。最後，我會讓淘金客迫不及待想要趕快回去運用今日所學。」我說完後，他笑了，並且全程投入後面的課程。

據我觀察這位學員非常聰明，反應很快，因此會不耐煩講師長篇大論，在別人講話時會容易不專心。他的客戶一天到晚丟炸彈讓他挑戰，所以他想看老師會怎麼處理炸彈，並從老師身上學習。在卡內基的課程裡，他可以練習耐心，因為課程不是講大道理，又能讓他學習解決方法。

激勵小語

有時，危機就是轉機。當這位炸彈學員投入上課後，其他學員會覺得「這個人從來不參加培訓，結果這次居然這麼投入」，便自然會跟進，這即是意外的收穫。

連桂慧老師的正能量小故事第㊳週

經常有學員說：「連老師，我每次上台都超級緊張的。」而我總會回答：「上台緊張是很正常的，因為我們都想讓自己表現得更好。不過絕對不能讓緊張影響到你的專業，雖然緊張，但不能讓它把你可以展現的水平給降低了。」

記得我第一次上台做介紹卡內基體驗的公開演講時，我在事前觀摩了十幾次資深講師的表現、談話技巧和方法。每當我觀摩完，覺得自己更有信心後，就會進行更多的準備，準備完後找資深講師協助指導，在他面前演練一次。因為人們往往會陷入當局者迷的盲點，有時覺得自己做不好的部分，可能其他人會覺得不錯，或是我們自認好的地方，卻沒發現其中的問題。

於是，在我演練結束並且獲得資深講師的指導後，內心又更加有信心了。這讓我第一次上台所呈現的精神狀態和自信，成功吸引台下的關注。

另外，也要藉著與台下聽眾互動來看清楚他們的反應，透過這些反應，你可以知道自己說的是否有打中聽眾的內心，是否對他們有幫助。

若你上台演講時總是很緊張，不妨多去觀摩他人在台上的表現，只要準備充分，多作演練去調整，一定會對你的表現有幫助。

如何博得滿堂彩？賈伯斯的彩排次數多得驚人

經常有人問：「連老師，你每個月甚至每週都會有一場演講，在演講前還需不需要彩排？」

當然需要了！我所謂的彩排是將這一次的演講內容重點梳理出來，組織成一個完整的架構或大綱，無論是三十分鐘、四十分鐘，甚至是一小時、兩小時、半天的演講或是簡報都是如此。

我建議**在演講、簡報時，開場就要吸引聽眾的注意，接著再談演講的重點**。當然，你也可以針對主題再去細分，最後做一個完美的收尾，讓參與者能夠保持愉悅的心情到最後，依依不捨的結束。

不光是內容，其實現場有很多東西是不受控制的，所以卡內基的講師都會習慣提前半小時以上到場。為什麼要這麼做？因為從自己熟悉的教室轉移到陌生的環境，先做場勘，一方面可以先適應並減輕壓力，另一方面，在設備、桌椅不如預期時，便可以進行調整。此外，還可以跟主辦方交流，安撫他們的心，或許會聽到他們有些特別需求或是想法，把握開場前的時間，去做讓演講更完善的溝通。

當然，重要的還有自我打氣。每一場簡報、演講、課程，台下的聽眾都不同，目標是讓聽眾能有所收穫，那麼，開場前的自我打氣就很重要。像我在演講前最常做的，就是到洗手間對著鏡子默默的給自己打氣。我會在心裡對自己說：「你今天的簡報會很成功，因為你已經做過很多場的簡報。」或是「你今天的演講一定會很順利，你在這方面已經有充足的經驗。」

曾有學員聽到我分享後，訝異的問：「有二十幾年的經驗了，還需要這麼做嗎？」我說：「當然需要。」而且，**在簡單的自我打氣後，的確能使我站上台後，更有自信的開場，表現出該有的專業和堅定度**。

我從多次演講、簡報的經驗裡發現，萬事起頭難，只要在開場前做好詳盡的規劃，那麼往往後面就沒什麼問題了。

連桂慧老師的正能量小故事第㊴週

對於公眾演講，事前演練或是打氣很有效果。因為將心定下來後，自然而然，就能在演講過程中將準備的素材做出最佳的呈現。

有一位從我台北講師訓練中帶出來的講師，他調到南部工作，工作非常認真，常常提早到教室做準備。有一次，在南部的暑假青少年班，我們偶然在課前相遇，他便抓著我問：「連老師，我今天要上第一堂課，你有沒有什麼建議？」

以我對他的認識，他可以把班帶得非常好。於是我微笑說：「你已經準備的很好了！」他說：「不行！你一定要給我一些建議，我今天有點緊張，因為我覺得到南部和在台北不一樣。」

聽他這樣說後，我就將他帶到旁邊問說：「你知道你的特色是什麼嗎？」他回答不知道，接著我告訴他：「你的特色是，在台上你會很輕鬆很幽默。」他詫異的回答：「真的嗎？」

我肯定的說：「是，我在台北看過你教學，你能讓青少年班的孩子很快接納，因為他們很多都是被父母親逼來上課，第一堂課還不了解卡內基，只覺得這是補習，所以反應會很冷。你的輕鬆幽默剛好能促使他們喜歡上卡內基，所以開場時，你要想辦法讓自己放輕鬆，只要放鬆，你的特質就會顯現出來。」

聽我說完後，他要求我看他做一次開場演練，我欣然答應。看他排練完後我說：「你只要想著你很喜歡這些孩子，自然而然就能吸引大家。」聽完我的建議，他表現出很有鬥志的樣子，真的是一位很可愛的老師。

幾小時後，他上完課馬上跑來和我分享：「連老師，今天好成功！課前的自我打氣，我告訴自己要放輕鬆，結果氛圍很好，最後在講收穫的時候，每個孩子都說喜歡卡內基，而且很期待下一堂課。」

有時開場前做一些簡單的演練，或是定下心來，問題及壓力就會迎刃而解，便能把自己最棒的實力展現出來。

開場的目的是聚焦，你可以讚美聽眾、創造懸疑……

曾有學員問我：「一開場就直接演講讓人覺得很有壓力，所以在開場時，我們可以做些什麼？」我問：「你平常開場時都做些什麼？」他說就是一般的問候大家好，接著就開始進入正題。我回答他：「大家好不是開場，只是問好而已。」

那麼該怎麼做呢？其實在開場有很多種方法，其中一種是讚美，你可以去讚美聽眾，只要你真誠的讚美，便能讓別人很有感受。還有一種是提問，適當問一個問題，不一定要等聽眾回答，主要是藉由問題，引導聽眾的注意力進入主題。另外，也可以說故事，或是創造懸疑，變個魔術或是玩遊戲等等，這些開場方式都能抓住聽眾，令他們容易聚焦。

開場的重點就是聚焦，要如何讓聽眾將專注力轉移到演講者身上？記得有一次我帶到演講的課程，一位麥肯錫的顧問來上我們的課程。

剛開始在台上，他兩隻手插在口袋，表情冷淡嚴肅的開場。那時我引導他要做一些改變，他和我說：「我平常就是這樣開場的，反正在台上我就是現在這個樣子。」我問他：「那你為什麼想來上課，不就是想要調整嗎？」他靜默，接著我說：「你可以試著用不同的方式來開場。先把你的手放下來，然後思考，你想用什麼樣的方式讓聽眾聚焦？也可以問問下面的同學，哪一種方式比較能讓大家把焦點集中在你身上。」

在卡內基上課時都會錄影，所以當他做了改變，不是用平常說教、訓話的方式開場，改用比較輕鬆活潑的方式，

在看到自己錄影的效果後他說：「我平常竟然這樣凌虐我的聽眾，原來我可以用不一樣的方式來做。」

大多數人都會用自己習慣的方式開場，有些時候做些變化，就會讓人耳目一新，還能讓聽眾專注的聽你說後面的主題，開場表現是影響聽眾要不要繼續聽的重要關鍵。

連桂慧老師的正能量小故事第㊵週

假如開場白做得好，一方面除了能聚焦，另一方面還能幫助聽眾和自己之間更有認同感。

記得在二〇一五年《說好話的力量》出版後，我收到慈濟的演講邀請，因為他們覺得這本書和他們的理念很接近。那場演講在嘉義舉辦，當時我心想，該怎麼開場呢？因為在場有好幾百人，用什麼方法才能讓大家更快進入今天要談的主題？

於是開場時，我說：「前陣子我人還在大陸工作，為什麼今天會來到嘉義慈濟演講？其實是跟我的父母親有關。我的父母晚年時因為病痛住院，長期在慈濟醫院受到許多志工、醫護人員的照顧，在最後，我的父母走得很安詳。每次想到這件事，我總是很感謝慈濟給予我家人的協助，所以即使我人在大陸工作，還是願意專程回來做這場演講，並且懷著感恩的心來跟大家分享。」

當我說的同時，我的腦海非常有畫面，像是想到父母親在醫院時，志工、義工對他們加油打氣，使得我在演說時的情緒相當融入。看到聽眾的表情和眼神，讓我知道，他們也很認同與感動。後來我才知道，有許多在醫院幫忙照顧病患的志工、義工都在底下聆聽。

演講完畢，後來我在慈濟的報導上，看到他們將我這一段分享寫在最上面，表示這段開場白的確有達到效果。

激勵小語

每一次的演講，你都要想一個不一樣的開場白，針對不同環境做更動，這樣才能真正把演講和簡報做得更好。

想提升可信度？要學會呈現重點、提供證據

為了提升簡報的可信度，更加活化內容，你可以用證據來輔助，增加資訊性的內容。在此，我推薦三種方法，分別是舉例、專家說過的話以及統計數字。**舉例，是讓人最淺顯易懂的方式，專家說過的話則是能增加可信度，至於統計數字則能做佐證**。以下，我分別舉例來說明：

在一次課程中，有位年輕學員講了一則故事來表達自己的想法，一開場他就說：「你們可不可以別抽菸？抽菸真的很不好。」他敘述，他的爺爺和爸爸都有抽菸，他從小看他們抽，於是也跟著偷偷抽起菸來。那時，爺爺和爸爸都常對他說：「你太小了，不可以抽菸！」然而他都沒有聽進去。

在他大學時，接到爺爺生病的電話，當下他便趕往醫院探視。他的爺爺身高一百八十幾公分，身體也很壯，但他到了病房時，卻看到爺爺無力的躺在病床上。看到他出現，爺爺用皮包骨的手握住他的手，以虛弱的聲音對他說：「你是不是到現在還在抽菸？」

見他點點頭，爺爺繼續說：「你別再抽了。你看，我已經肝癌末期了，這都是因為抽菸造成。為了你的健康著想，真的別再抽菸了。」他說，爺爺的模樣以及他說的話太過震撼，讓他整個人大徹大悟。從此，他就把菸給戒了。

這位學員用自己的故事，告訴其他人「不要抽菸」的重要性。他不是用大道理訓話，而是用故事，所以讓人容易聽進去。因此，**在提出論點時，可以盡量使用真實例子來加深對方的理解**。

再來，專家證詞能讓人信服。比方

說在管理學的課程中，我們經常會搬出管理大師說過的話，當你說：「各位，做為主管要做好時間管理，因為，時間對我們很重要。」這類的話，學員一定都不想繼續聽後面的內容。

假如你換個說法：「管理大師彼得．杜拉克曾經說過……」，或是「彼得．杜拉克說，時間是經理人最珍貴的資源，不能管好時間，便不能管好任何事。」運用專家說過的話，學員就比較願意聽進後面的內容了。

比方說，好幾年前台灣流行SARS病毒，民眾陷入恐慌中，當時大陸有位名醫提出某樣物品可以防SARS，結果許多人聽信，便一窩蜂的上街採買，這就是一個專家證詞的例子。

最後，大家都說「數字會說話」。**當你遇到不愛聽故事，也不信專家所言的人，便可以用數據做佐證。**

有位醫科的學員曾經上台做了個健康講座，他的開場很特別，深深震撼了我。他說：「在座的各位，請你抬起頭來，看看你的前後左右。」大家按著他的話去做之後，他說：「好的，我要和大家說，在這個教室裡，有一半的人可能將死於癌症。」大家聽了都很訝異，接著，他繼續說：「根據醫學報導，現在每兩個人就會有一個的身體裡潛伏著癌症因子。所以今天我們要來談如何做健康保健。」

用適當的統計數字，可以省下許多說服的功夫，除了可信度高之外，還能讓人一聽就明白，甚至願意聽完後面的內容。如何增加自己的說服力、可信度？以上三種形式，都是很好的選擇。

連桂慧老師的正能量小故事第㊶週

有一位學員講話超快，表達完全是跳躍式，後來我了解他的工作型態後，才知道原來他常常需要做簡報。他很認真，ＰＰＴ準備了很多內容，可是時間有限，為了要趕快把所有內容講完，因此導致語速很快，內容沒有重點。

大家都覺得他很認真，但其實並不知道他在講什麼。後來我和他談：「你應該要做時間分配，不管是多長時間的簡報都一樣。時間少的時候，其實ＰＰＴ的內容不用準備這麼多，甚至有時跟人數也有關係，人數如果不多，ＰＰＴ的內容過多反而會讓大家分心。梳理出大綱後切割時間做出分配，接著就是思考你這一次的簡報，重點想讓聽眾得到什麼收穫？在強調重點時，你需要放慢語速，甚至更詳細的去表達，依重要性調整順序。」

他聽完以後，恍然大悟說：「連老師，你拯救了我，因為我一直都是這樣講，所以每次都花好多時間在準備ＰＰＴ，但是效果卻不顯著。」我說：「你下一次簡報時，可以試試這樣的方式，準備完ＰＰＴ後先自己測量一下講的時間，就可以知道在簡報中，準備這麼多的ＰＰＴ內容是不是必要的。」

之後，他和我分享：「我發現，我在做簡報時，變得比較有重點，而且連我的老闆也這麼說。」我笑了笑，說：「其實你一直都有重點，只是沒有突顯出來而已。」

在做簡報、演講時，記得要先弄清楚重點在哪裡，梳理出大綱再分配時間，記得最後要再做一次總結，用循序漸進的方式表達，便能讓聽眾接受。

連桂慧老師的正能量小故事第㊷週

在演講或是簡報時，講者最害怕的就是自己上台說話時說了很多，但聽眾聽完卻記不得重點。

有次，有位身為老闆的學員來找我討論，他說：「連老師，我下個星期要做一場對內部員工的演講，全國各地的員工都會到場。」聽他說完後，我問：「你的主題要談些什麼？」他說：「我的主題是，現在做業務需要的不同思維模式和執行力。」

我問：「那麼你打算如何呈現你的演講？」他回答：「我要告訴他們，現在日子不好過，景氣不好市場又競爭，大家不能再像以前一樣不知變通。」我聽了後提議：「你要是這麼說，大家或許會覺得你在訓話。你可以想想有哪些重點能幫助大家記憶，覺得有收穫，或是激勵他們想去做些不一樣的改變。比方說，你可以用數據分析過去做業務，或是現在競爭者的狀況，讓大家更清楚重點。」他聽了眼睛一亮說：「我想到了！」

隔天，他模擬他的演講，我聽完後很想為他鼓掌。他一上場就說：「我要和大家分享我最近的焦慮。我焦慮我們公司現在的原料成本上漲二〇％，還有人工成本上漲三〇%，又因為政策的關係，各項稅率漲五%。萬物齊漲，我們的價格卻維持不變，在這個情況下我們該如何賺錢？如何讓生活比現在更好？所以，我今天想和大家分享，能夠賺錢才是王道。」他說到這裡，我便稱讚他：「的確這樣說就不會感覺像在訓話，而且也確實提供很多證據，後面的內容，應該就比較能被聽眾所接受。」

後來他很有信心，演講完後興奮的打電話跟我說：「連老師，非常成功！我的目的都達到了，還有一個主管跑來和我分享心得，他在聽完後沒有感覺我是在給他們壓力，反而很想和公司一起打拚，因為他知道想辦法讓自己和公司賺錢，才是最重要的。」

激勵小語

當你在演講、簡報時，提升可信度最重要的關鍵，就是讓證據來說話。

成功與否內容只占7%，傳達理念必須活用……

曾有學員說：「我的組織能力不好。經常講一講，講到後來想談的都沒有提到，可是話題已經不知聊到哪去了。」

其實，這也是我在準備簡報和演講時會遇到的情形，尤其越緊張越容易發生。假如你經常發覺自己講話容易離題，或老是沒有說到重點，建議你可以簡單寫下重點，勾勒一個大綱即可，並非要你逐字寫下內容。大綱方向就如同我前面所提，如何開場？用什麼方法？用什麼重點？以及要如何結束？

以前演講還沒有PPT做輔助時，我都會用一張紙，將演講的大綱寫下來，這樣有個好處是，在你緊張快要跑題的時候，便可以透過寫下來的提示趕緊將主題拉回來。尤其是台下聽眾精神恍惚的時候，演講者就要想辦法讓他們打起精神。比方說，增加聽眾的參與感，讓他們在結束後覺得這場演講是成功的。

UCERA大學的教授曾做過十年的口語表達研究，當台上演講者的內容和外在表現不一致的時候，聽眾到底是從哪裡去理解演講者？又會聽進演講者說的什麼？

研究顯示，從演講者外在的印象去理解占五十五％，從語調去理解占三十八％，真正從內容理解的只占七％。從這結果可知，**你在台上的神情、手勢及語調，都會影響聽眾對演講的專注力和參與感**。

有次，我受邀前往大陸為某間國營企業演講，員工們都感到新奇，他們第一次看到演講者站著講，而且還開心的和台下互動，不但在說故事時表情生動，還搭配語調起伏，肢體動作豐富。演講結束後，有許多資深幹部都站起來鼓掌，誇讚說這是他聽過最精彩的一場演講，以往都是演講者在台上用一張張嚴肅的PPT催眠台下的聽眾，這次卻完全不同。

由此可知，在簡報或是演講過程中，不可用一成不變的方式來講，有時適當的加上表情、肢體動作或是讓語調有所起伏，藉以增加聽眾的專注力，才能真正達到傳達理念給他人的效果。

連桂慧老師的正能量小故事第㊸週

某次，學員問：「如果我們要講述的內容相當複雜，並且要表現專業。難免會枯燥乏味，無法讓它生動起來，這時該怎麼辦？」

身為演講者必須做的，就是把較專業、複雜的題材，變得更簡單明瞭。大家都說隔行如隔山，做這塊領域的人所了解的，不見得其他人也都懂，所以要將複雜的東西簡單化，讓聽者更好吸收。

在此，我有兩種方法可供你參考。第一種，用畫面讓聽眾去記住複雜的內容。比如說，卡內基有人際關係、客戶壓力、處理憂慮等的原則課程，若是要讓學員一一去記，一定枯燥無趣，所以我們會將文字做疊字效果，在簡報中一個畫面一個畫面的疊上去，一方面讓人感到有趣，另一方面讓人加深記憶，掌握其中的精髓。

第二種，用比喻的方式幫助理解。某次講述相關課程的演講中，參與者裡有許多公益團體的主管。有位勸導遠離檳榔的主管在學會比喻法後，便依樣畫葫蘆。

他說：「各位，你能想像嗎？吃檳榔就像是拿著鐵刷子在你的舌頭上面刷，那是件相當可怕的事情，舌頭不但會非常痛，還會破皮。吃檳榔不光是如此，它會改變你的口腔組織構造，到後來，恐怕連吞嚥吃東西都會產生困難。」他沒有引述什麼大道理，也沒有提及檳榔有哪些成分會傷害口腔，只是用「鐵刷子刷舌頭會受傷」來做比喻，讓旁人一聽就明白。

另外，有位醫生學員，他在做戒菸宣導時也用了比喻法。他說：「各位家裡都有抽油煙機吧？想想看，抽油煙機用久了以後，煙管會卡什麼？」底下的人回答：「卡油。」

他說：「沒錯！人類的氣管就像抽油煙機的煙管，若是你一直抽菸，菸的焦油就會卡在你的氣管壁，導致你容易咳嗽、呼吸不順暢。」

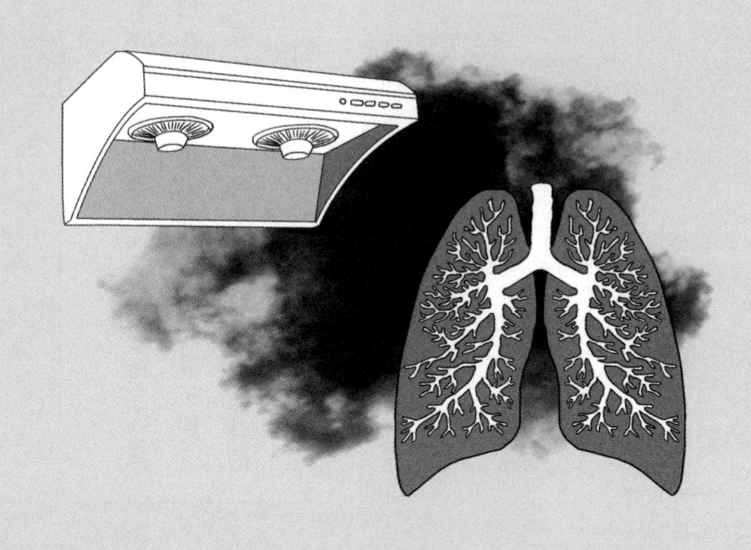

前面兩個例子都運用簡單易懂的比喻，引導聽者更清楚的理解講者所想傳達的專業知識。請盡量避免使用複雜的專有名詞，否則在讓人覺得崇拜之餘，對方仍聽不懂你所講的內容，換句話說，白話的方式的確能讓人更快了解你要表達的重點。

切記別嚴肅！互動和親和力，讓台上台下都受惠

有次，一位學員問：「我們都希望演講內容能維持一定水準，那麼有沒有可能因為某些原因，使得自己的表現失常，導致遭受挫折？」

我說：「當然會有。因為人類是情緒動物，怎麼可能每次都覺得自己表現得非常好，有些不確定因素，包括情緒，都可能會讓你認為自己的演講不是那麼完美，覺得不夠滿意。」

有次，我的小學同學得知我在卡內基服務，便跑來找我。他說：「我很希望你能來演講，幫忙我們的團隊。」從他的話中我得知，原來他在做關於就業協助的公益活動，他說：「我們希望辦一場聯合當地所有學校的演講，讓學生在未來出社會找工作時，能有明確的方向。」

然而後來在聯絡上出了狀況，導致並非聯合所有學校，變成只去一間學校做演講。由於我已答應對方在先，只好前去赴約。結果發現他們的前置宣傳作業做得不夠完善，導致學校只能臨時抓學生來聽。

被逼迫來聽講的學生臉色都不太好看，而我還是用一貫的作風，熱情的進行演說，但我發現，無論用什麼方法，台下一點反應都沒有。即使我有多年的演講經驗，當下還是覺得自己的表現被這些情緒影響了。

我當下就在內心決定：「好，讓他們去互動吧！與其我在台上不停的講，不如讓他們自己去談，談他們想要什麼，希望對自己未來的方向有什麼了解。」經過調整，在聽過學生的想法後，我的情緒便不再受他們影響了。

有時在外面演講，即便你已準備的相當充分，還是要應變狀況學著做即時調整，這樣才能真正使雙方都受惠。透過聽眾的分享，演講者能得到不同的體驗和收穫，或是腦力激盪後一起想出新的想法。不用拘泥於把準備的東西通通講完，有時配合情況做適當調整，反而能讓雙方覺得在這場演講進行的互動是值得的。

連桂慧老師的正能量小故事第㊹週

我經常提醒同學，在演講或是簡報時，不要太嚴肅或是態度顯得高高在上，演講、簡報並不是在訓話。

想和聽眾建立信任的關係，身為演講者越平易近人、越有親和力，反而能讓台下聽進你說的話。當然，在專業的話題裡當然要有專業的表現，該堅定的時候就要堅定，但絕不是從頭到尾擺著架子，這會使得你與聽眾產生隔閡。有時使用適當的自我解嘲與台下互動，或是開開無傷大雅的玩笑，是沒有問題的。

我有次在某間學校為學生和老師演講，大家都覺得必須乖乖的聽，不可吭聲反駁。當我與他們做互動時，我講到熱情以及設定目標持續堅持的主題，提到某位學員的案例：「他從中學時期開始堅持每天跑步，到現在已是三十幾歲的中年人，從未間斷。這份堅持，讓我們覺得他很有毅力。」

當我講到這裡時，原先在腦中預想的是「他風雨無阻的每天都堅持去跑步」。結果才講完，台下卻哈哈大笑。我愣了下，問：「你們在笑什麼呀？」底下有個學生回我：「老師，你說天打雷劈耶！」我說：「真的？我說天打雷劈啊？對不起，我應該要講的是什麼來著……？」然後，在我努力回想原先想到的形容詞時，台下同學就幫我回答：「是風雨無阻，不是天打雷劈！」

那一次，我的表現讓底下的聽眾覺得，這位講者其實也有可能會講錯話，但他不怕被糾正。因為這個小插曲，使氣氛變得更好。所以，你不見得要用多嚴肅的態度去談論。我當時就用開玩笑的的語氣鼓勵他們：「所以我跟你們說，你們要多念書，多念書能讓你的語言表達能力更好，就不會像老師我一樣用錯成語，這是很重要的。」

去年我開始學瑜珈，不過年紀大的人骨頭很硬，想學瑜珈不太容易。當時，我會在臉書或是微信上分享自己學瑜珈的過程，從影片中可以發現我的身體總是會抖，沒有辦法做得很好。

沒想到，有次上課時，有位學員就笑著跑來對我說：「連老師，我看到你在微信上寫說在學瑜珈，你都一把老骨頭了，難道不覺得現在才學瑜珈太慢了嗎？」

我不覺得他是在取笑我，我回：「對啊，的確是太慢了，不過你不覺得走進教室開始學習，是一個很好的開始嗎？」我將他的玩笑話連結到今天的課程，結果讓學員們哈哈大笑，認同的說：「對啊，有道理！」

適當的和其他人互動，藉著交流讓他們了解，演講者不是神聖無比的，演講者也是人，和大家是一樣的。面對演講不一定非得要嚴肅以待，這樣才能在過程中，讓大家能夠更開心、更投入。

用聲音展現你的氣勢，用肢體動作帶動全場氣氛

我常和學員說，演講和平常講話不太一樣。我們平常講話，一對一時大概用一般的聲調就可以，但若是**演講、簡報時，必須用一些語調、聲調來輔助**。

演講者想讓所有人專注，需要一些方法。假如說我的演講跟平常講話一樣，大概只有一兩個人能聽得到。所以我常會在上課時提醒學員：「人越多，就越要讓自己的聲調、肢體動作和表情比平常強好幾倍，這樣才能控制住場面。」

記得有一次上課時，有一位學員是保險公司的主管，他在開場時，用很平的聲調說：「各位知道我們今年的營業額有多少嗎？」下面完全沒有人回應，於是我就回答：「不知道。」他愣住了，想說老師為什麼會跟他說不知道。

我說：「萬事起頭難，要讓大家產生回應，並且繼續聽你講，你的語調要拉高，要讓大家一開始就抬起頭來。身為業務人員，大家都在外面跑，所以專注力都不夠，如果你只用一個平平的聲音說話，台下只會坐立難安而已。如果你希望他們聚精會神聽你演講，便要提醒自己提高聲調，在台上要產生一種讓大家動起來的力量。」

他點了點頭，便試著提高語調及興奮度、熱誠度，他說：「各位知不知道我們今年的營業額是多少呢？」這一次比剛剛好一點，我說：「你這樣大概只能影響十個人，你這一場演講想要影響多少人呢？」他說團隊有一百多個人，我接著說：「那你就要想想看，要讓一百多個人都回答你，需要怎麼樣的氣勢？」第三次的嘗試比第二次更好，他全心投入，振奮的問：「各位知不知道我們今年的營業額有多～少呢？」這一次就很成功，台下的學員自然而然就回應：「知道！」

後來他跟我說，因為他是主管，所以從來沒有人跟他說，這樣子講根本不會有人聽！他說：「難怪我以前每次在單位裡做簡報時，他們都在忙手上的事不看我，原來最大的問題是我自己。」由此可知，語調和表情的確需要依人數調整。

連桂慧老師的正能量小故事第㊺週

記得有一位學員是庭園造景設計師，專門幫人設計庭園。當然他的客戶有很多是建商，或是有錢人。他說會想來學習演講跟簡報，是因為覺得自己花很多時間精心設計簡報內容，可是每次在簡報時聽眾好像都興趣缺缺，害他越講越心虛。

他一直找不到原因出在哪，經過上課，我發現他的問題所在。我說：「你在做簡報時，都是沒有表情、沒有手勢，語調平平的一張張翻轉你的PPT嗎？」

他說：「因為我的老闆這麼做，我也就跟著這麼做！」聽完後，我說：「如果是你精心設計出來的，那麼在簡報時就要呈現出畫面感，讓人家感覺走進你設計的庭園，看見造景到底有哪些美好的地方，因為你是在傳達美好的事物。」

他問：「對！我怎麼都沒想到這一點，那該怎麼做呢？」我回答：「要透過你的表情、手勢和聲調，帶著聽眾進入你設計的畫面，才能讓大家真正有感受。人是情緒動物，你想讓他們買單，就要讓他們感覺到買了你這個設計是對的。」

經過這樣的提醒，他便加以改正。有日他和我說：「連老師你知道嗎，現在不管是不是我設計的東西，每次做簡報，老闆就會叫我去。因為只有我在做簡報時，客戶會用心聽講，而且客戶竟然還會有表情，甚至有時會點頭給我回應，這是其他設計師做不到的！」

我真誠的恭喜他，他說：「老師你給我的建議是對的，在做簡報時要讓大家有畫面，並且擁有進入場景的感覺，這一點真的好重要。」這位學員就這樣接到了許多案子，只要他出馬做簡報，就能讓客戶很有感受，並且很快買單。

有時候演講，簡報的過程裡，適當的透過表情、手勢、音調增加你的彈性外，最主要就是使對方能進入你所勾勒的畫面，這是你可以提醒自己，並且去注意的部分。

連桂慧老師的正能量小故事第46週

簡報時，除了要有好的開場，與聽眾有互動，還有語調也很重要。另外，人多時更需要視覺效果，也就是肢體動作。

有位學員是名總經理，會來上課是因為他新接任一家公司，要舉行就職演說。可是之前常有人說他太嚴肅，他不想剛到一個新的工作單位就讓大家有「老總果然不可親近」的印象，所以他覺得自己需要調整。

他來找我討論時，我發現他不但沒有表情，一上台完全就是定住，所以我們看完錄影後，我問他：「你的就職演說有多少人會來聽？」他說大約兩千多人。我說：「你看，如果你表情嚴肅，又沒有任何的手勢，那你的就職演說打算講多久？」他說這也是他困擾的地方，很怕催眠台下的員工。

我說：「如果你無法讓大家產生共鳴，那台下當然會覺得難受，你可以試著將演說內容和外在呈現一致性，你準備的內容這麼好，非常激勵人，可是你本人卻沒有表情，你說他們會有什麼感覺？另外你的內容想鼓勵大家對未來更有信心，可是你卻只是呆呆的站著，完全沒有激勵的感覺，你說他們會聽進去多少？」他想了想，也覺得很有道理。

那一次我們做了非常多練習，我對他說：「你從練習時就要在腦海中勾勒對兩千人做就職演說的畫面，這樣才會更有氣勢跟感染力。」我請他試著想像，並把演說內容用手勢、表情、語調表現出來，就這樣練習到我覺得可以為止。

後來，他很開心的和我說：「連老師，我上任了，而且就職演說非常成功！很多同事遇到我都說，老總你知道嗎？剛開始要換新主管時，我們都很惶恐不安，不知道公司會有什麼新措施。可是你的演說好激勵人心，讓我們好想為公司效力，我們從來沒看過這麼有熱情、有感染力的老總，所以大家都很想要追隨你。」

接著他又說：「連老師，我沒有想到只是改變手勢、表情和內容，就真的可以帶動大家。」適當的肢體動作加上視覺效果，可以幫助聽眾更容易理解你的想法。

為什麼肢體動作很重要？肢體語言能打造豐富的畫面感，如果你只是呆呆的站在台上，久而久之聽眾會分心。這和人的身體構造有關，人說比聽要慢上很多，所以當你在說的同時，聽眾很容易分心。透過適當的手勢，再加上語調，狀況就會變得不一樣。

說故事、提問題……，激發聽眾反應，產生共鳴

當你在表達時，要如何讓聽眾覺得可以信任，甚至透過互動產生共鳴？有三個我覺得不錯的方式。

第一個，用說故事的方式。**用故事來說明，會比聽大道理或是訓話的感受力更好**。這我很常使用，因為不只是故事，最近的新聞，甚至是熱門議題都可以拿來當作開場，引導大家。

第二個，用提問題的方式。**用問題來引導，其實有時不一定需要對方回答，只要能得到互動的效果即可**。比方說，講者常常在提問時問：「覺得自己時間不夠用的請舉手！」這時，很多人就會舉手。

「那麼覺得覺都睡不夠，沒有時間出去玩，甚至沒時間陪家人的……」你這麼接著說，會發現很多人就此進入你要引導他的場景，當講到這裡，你再說：「所以我們今天要來探討，如何把時間管理的更好，可以讓我們更享受工作，享受生活！」用這樣的方式開場，大家反而會對接下來的主題更感興趣。

另外，也可以用場景來導入主題。比方說，我常會問學員：「各位，當你身為主管，跟同仁說要開會了，有沒有哪位同仁是開心的飛奔進會議室的？」這時大家會笑著說不可能，那是作夢。接著我問：「所以當我們說要開會，大家的表情都是怎麼樣？」大家會回答：「沉重的。」我繼續追問：「那腳步呢？」他們會說：「表情沉重，腳步緩慢。」

我最後再問：「那在開會的時候，若是你提出問題，請大家提出意見，台下會很踴躍發言還是會沉默不語？」大部分的主管都會說：「沉默不語。」接著我說：「我們接下來要討論的主題，便是如何激發同仁們的創意，讓大家更有參與感。」如此一來，聽眾就會對這個主題更感興趣。

還有另外一種場景，比方說我常會和業務人員說：「各位，我們每次去拜訪顧客時，所有的客戶都會鋪著紅地毯歡迎你，無論你和他推薦什麼商品，他都會拚命點頭覺得這就是他們要的，結束後還會請你吃滿漢大餐，有遇到這種情況的請舉手。」大家就會笑說這根本不可能。

我說：「所以我們本來就不可能大受歡迎，顧客提不同的意見，丟炸彈給我們，都是正常的。今天就要來學習，如何在銷售過程處理顧客提出來的意見。」當我這樣說，台下便會覺得學習或是參與這個主題是很值得的。

最後，也可以用數據來強調主題的重要性。曾經有位同學善用這個方式做開場，他說：「各位知道去年我們公司的流動率有多少嗎？竟然佔三〇％，這表示十個人裡頭有三個人離職，試想這會耗費我們公司多少成本？」**用數據讓人更加正視問題所在，也是一個進入主題的好方式**。

在演講跟簡報時，不一定只能使用一種方式，你可以搭配不同方式讓聽眾更感興趣，便能加深信任感。

連桂慧老師的正能量小故事第㊼週

有一位半導體公司的高階主管來上演講課前，先來找我討論。他說：「我這次來學習簡報技巧，主要是因為我上完課後有場對內部員工的演講，成員都是高階主管。」

聽他這麼說後，我問他：「你的方向很清楚，那你想說什麼主題呢？」

他說：「我被分配到的主題是如何激勵工作夥伴，可是我很困擾，因為公司裡的同仁，都是工程背景出身，大家的思考都很嚴謹，專業有餘，活潑不足。所以每次演講開會時，氣氛都很冷，我想用不一樣的方式，讓大家覺得激勵很重要，可是又不想只講道理，到底該怎麼辦呢？」

聽完他的問題，我問：「你們公司的人會用說故事的方式來演說嗎？」他回答說不會。我接著問：「那麼你要不要用說故事的方式來試試看？」他覺得或許可行後，我繼續問：「你有沒有激勵工作夥伴的深刻心得，或是經驗？」

他想了想說：「有，不過因為現在的同仁年齡層越來越年輕，新世代的思考和我們不太一樣，該如何激勵他們，是我這次比較想演說的內容。」我再問：「那麼，你有想到什麼嗎？」

他想了想，開始跟我聊起他的經驗。去年有位很年輕、能力很好的同事，給他的案子都做得可圈可點，當時這位學員非常高興，像是挖到了寶一樣。於是便為這位員工加薪，甚至升職，覺得這樣的激勵會讓這個年輕人更有動力去做更多事情。

然而，到了年底，他問這位同事：「今年在工作上跟主管的互動方面，你印象最深的是什麼？」當時他暗自猜測對方會說，感謝主管你看到我的能力，給我加薪、升職。沒想到對方竟然說：「我印象最深刻的，就是主管你會關心我。」

他滿是詫異的問：「為什麼這麼說？」年輕同事答：「你記不記得上一次，你說要去參加一個研討會，並且邀請我去。」他回想了很久才說：「對，為什麼你會覺得參加那個研討會，是我關心你的方式？」

年輕的同事回答：「因為你在路上跟我講，這次雖然都是主管來參加研討會，但都很年輕，我可以藉此機會去認識這些新朋友。當時我最想要的就是交新朋友，卻一直沒有機會，沒想到你竟然看出我內心的渴望，我覺得非常的感動。」

學員講到這裡，對我說：「連老師，我跟你說，其實我從頭到尾根本沒有想到這點，只是有機會就讓他去做更多的交流和學習，完全沒想到其實他內心最想要的是去交朋友。那次的邀請，竟然比給他加薪、升職更有感受。」

我說：「這個故事很好，可以作為演講的開場，因為做主管的經常以為激勵工作夥伴就是給他加薪、升職。這個故事正好提醒大家，其實關心對方的需求才是最重要的。」他說，這樣練習完之後讓他對於演講更有信心了。

說故事能讓你的演講更有畫面、更生動，然而演講者要先對故事有感覺或是認同故事的精神，才能透過訴說這件事，傳達感動與想法給聽眾。

聽眾嗆聲令你苦惱？引導對方說出就能化解危機

簡報、演講時若總是風平浪靜，那麼人生大概也不怎麼有趣。有人下戰帖挑戰你，其實是一件很好的事，因為這能考驗你隨機應變的能力。

我常說，**如果你表現得越加鎮定，越能表達自我，那麼別人丟的炸彈便不會造成太大威脅**。記得有次，我去拜訪一家公司，約好跟老闆推薦課程，沒想到對方人很好，他想要廣納意見，臨時把所有的一級主管都找來。

你可以想像嗎？手上還有東西在忙，突然老闆就把你找來，莫名其妙的要你聽卡內基簡報。因此大家的臉色都不是很好看，還好我做了充足的準備，該有的資料都有，我說：「我今天來最主要是要了解每位主管的需求。各位覺得，如果貴公司想要突破，那麼需要增加什麼樣的能力？」說完後，馬上就有人以踢館的態度吐槽說：「我告訴你，我上過卡內基。剛開始有效，後來就沒效了。」

當下我回覆說：「謝謝這位主管願意把你的想法講出來，如何讓有效性持續，這是等一下我們可以去探討的部分。」這樣緩衝以後，我問他是何時上的課，他回我十五年以上了，於是我便回他：「確實十五年來要一直保持有效是不容易，所以這也是總經理今天希望我們來，讓大家能再有充電的機會。」我說完後他就笑了，然後變得比較願意去聆聽。

當丟炸彈的人被說服後，其他人就會比較親切、溫和。所有的內容總經理都看過，後來我將內容跟主管們剛剛講到的需求做連結，他們便覺得卡內基都有符合他們的需要，因此非常滿意的敲定內訓。

後來他們的某位主管跟我說：「其實我們公司各據山頭，每一個部門的主管都很重要，所以你如果特別重視哪個部門，其他部門就會不開心。連老師你很厲害，你在做簡報時，把每個部門的需求都帶到了，所以大家才被你說服。」

做簡報或是演講時，要記得常常給別人好的回應，引導對方，讓他把想法說出來，才會有良好的溝通氛圍。

曾有學員問我，以往面對面溝通說服別人，有沒有不好的經驗？印象中有一次，某家著名的公司招標培訓課程，卡內基也受邀參與。每家公司只有十五分鐘的時間，用簡報說明會如何設計課程，最後還有五分鐘的問答時間。

輪到我們講述時，我才剛講兩、三分鐘，主辦方的其中一人就說：「你不用講這麼多啦，直接告訴我們，你們公司開價是多少？卡內基不是很貴嗎？」

我愣了一下，想說才剛開始而已，還沒到價錢的部分。但我還是平靜的回：「謝謝你，稍等我會將價錢告訴你，在那之前，我要讓各位明白我們公司的課程是怎麼設計的。」說完，我繼續用堅定的語調講述如何用課程去幫助學員。前面提過，卡內基講師擅長簡報，在我講的時候，會場聆聽者七個人中有六個人都是給予認同的點頭和微笑回應，這是因為我打動了他們內心深處的需求。

沒想到一開始打斷我的那個人又再次發話，他說：「你講的這些我們自己看企劃書就夠了，你就告訴我，你們的價錢是多少。」

儘管如此，我還是堅持講完十五分鐘的簡報。當我說：「現在歡迎大家問問題，我們有五分鐘的時間。」的時候，他第三度搶話：「你已經超過時間了。」三度表態，明顯不願讓我多停留一秒。

這時，他身邊另外一個部門的主管就看了他一眼，說：「我有問題要問，卡內基是用什麼方法來幫助學員突破？」這對我而言是相當關鍵的問題，我順著他的問題舉例，包括改變態度、提供工具練習外，在練習結束後還會有追蹤服務，這位主管得到了滿意的回答。接著，我們順利告終這場十五分鐘的簡報。

事後沒兩天，那位處處針對我的主管打了一通電話給我，他說：「雖然大家都很認同你們的簡報，但我告訴你，我們公司是用價錢來衡量的，誰開的價錢低，最後就選誰。簡報再怎麼好都沒有用，因為你們的價錢比別人高。」

其實，這從我進入會場時，便發現跡象了。我一眼就看出主辦方和某家公司的人員特別熱絡，然而我還是執意要走完流程，不輕言放棄。儘管這個人說的話讓人感覺不舒服，但我還是保持一貫作風，給他好的回應：「謝謝你給我們這個機會參與。」

後來，我收到那家公司其他主管的回饋。他說，其實他們非常傾向選擇卡內基，因為從十五分鐘的簡報中發現，卡內基最符合他們的需求。然而，礙於公司成本考量，最後還是不得不放棄。

這是個失敗的經驗。不過這並非是我們講得不夠好，而是每個人都有自己的主觀意識。假如對方只在意價格，不管品質是不是亂七八糟，那麼不管如何去說服他都沒有用，我們的產品有它的價值所在，不可動搖。

同時，這也是一個非常好的經驗。不是每次簡報都能順利獲得他人認同，還有許多因素影響，我們能做的就是突顯自己的特色，讓人明白價值，以及留下好的印象。

激勵小語

一次的失敗並不打緊，千萬不要因為對方不友善的態度，就放棄任何能展現自己的機會。

連桂慧老師的正能量小故事第㊿週

有學員說：「簡報時，最怕被提問問倒，不知道該怎麼回答。又或者是回答不好，會不會把台下的老闆、主管惹毛了？」這是大多數人會擔心，並且不知道該怎麼處理的狀況。

記得有位很熱心的學員，是外商公司總經理的秘書。他們公司有很多變動，所以覺得應該要來上課，她很認真的跟人力資源部門討論要引進卡內基的課程到他們公司。

我們事先得知總經理跟副總都是外國人，也討論出適合的課程，準備過去公司拜訪。結果拜訪當日，總經理問：「你們來是要解決我們的什麼問題？」我簡單報告，並建議適合課程後，總經理冷冷的說：「這不是我要的，你覺得我們公司的問題是這個嗎？」

我當場愣住了，這和之前收到的資訊不一樣。不過這對我們來說是一個很好的說明機會，當下我先謝謝總經理的回饋，然後說：「所以我們今天來，最主要是想來了解您的期望是什麼，我們可以針對您的期望做調整。」總經理很嚴肅的說：「我以為你們今天來就要給我解決方法了，怎麼會問我期望呢？」

我回：「如果能更清楚總經理您的期望，課程會更有幫助。」雖然對方的語言尖銳，可是我還是用和緩的方式去問：「所以您現在最期待看到公司有什麼改變？」這次我重新再問問題時，他的態度就和緩了。

和緩以後，我開始訴說他可能的需求。我很慶幸能有這樣的溝通機會，因為總經理所看到的方向，的確跟秘書還有人力資源部門都不一樣。

有時你辛苦準備的東西，不是對方所要的，那麼就該馬上做調整。在表達的過程中，要讓他人接受，並留下好印象，臨時彈性調整，才能真正讓顧客更滿意。

連桂慧老師的正能量小故事第51週

很多人都很怕上台時被問問題，尤其是尖銳、有挑戰性的問題，回答後若是又被吐槽一定會感到不舒服。我常和學員分享，其實在處理別人的情緒前，要先處理自己的情緒。在沉重壓力下，還是需要維持專業形象。你永遠不知道下面的聽眾是誰，會有什麼反應，要是你的情緒隨聽眾起舞，是很可惜的事情。

有學員說：「可是當下就是受不了！一定會生氣呀，那該怎麼辦呢？」我的建議，就是當你聽到不好聽的話，或是被問尖銳問題時，就先和緩一下你和對方的情緒。你可以用讚美的方式回應。比方說：「你提的問題是大家都沒有想過的」、「你的問題是個非常專業的問題」，或者是用感謝的方式說：「謝謝你願意提出你的看法」，抑或是用同理角度回答：「確實會有這樣的感受，很多人都有這樣的想法」。和緩後，要解決問題就會比較容易，還能保持雙方的心情愉悅。

有次我在演講時剛好提到卡內基的「不批評、不責備、不抱怨」原則，才剛要講解如何運用，下面就有人說：「連老師，你說的內容太理想化了，這個世界沒有那麼美好，是醜陋而且負面的！所以你要我不批評、不責備、不抱怨，那是不可能的！」他非常激動，此時若你是講師，會如何處理？

當時我說：「謝謝你願意提出想法，的確很多人也都有類似想法，生活中怎麼可能都不批評、不責備、不抱怨？確實，我也曾經覺得不可能。但這不是要你在看到他人犯錯時，都完全不去指正，而是不要當濫好人，用更圓融的方法，不讓他人受傷，並且達到溝通的效果。卡內基的這條原則是要大家在平和的情況下好好溝通，並且協助別人。試想如果我們對一個人批評、責備、抱怨，再接著跟他說我很關心你，我是為你好，你覺得他會接受嗎？依照你習慣的方式，實行起來的確不容易，但是你可以試試看，當你這麼做之後，會看到從沒想過，不一樣的效果。」

當我這麼回答後，那位激動的學員就緩和下來了。為什麼？因為我沒有爭辯，也沒有說他不對，只是找方法討論如何處理。

你可以練習，當有人對你的意見抱持不同看法時，要如何和緩自己跟對方的情緒，用舉例的方式，讓對方把話聽進去，才有溝通的轉機。

事後蒐集回饋意見，評估表現再精進

其實有很多人都不太喜歡面對自己，對於演講這件事，通常都覺得講完就好了。但是有些人認為自己可以做得更好，他們會詢問他人：「你覺得我這次演講說得怎麼樣？」為了讓自己不斷進步，詢問他人是一個好方法。

在此，我提供的方法，就是事後討論。**若有人能在你做完簡報、演講後，和你一同討論剛才的表現，便能使你進步**。像是卡內基在帶新講師時，都會有人和他們討論。

相較於針對問題討論，卡內基不同的是，指導老師會先請對方說出自己覺得做得好的部分。剛開始小菜鳥都會覺得自己沒有什麼好的，我也是一樣，總是先批判自己。雖然這沒有什麼不對，但指導老師還是會堅持對講者說：「先把你自己好的部分說出來。」

為什麼堅持要這麼做？因為**要先有自信的基礎，才有勇氣去改善不滿意的地方**。所以指導老師總會問：「你覺得自己做得好的是什麼？有哪幾項？」等他講完後，才問：「那麼你覺得要改善的是哪些？」

等到指導老師做回饋時，也會先從他做得好的部分講起，然後才告訴他建議要改善的地方。這個模式會讓人比較有信心，願意去做修正和改變。

因此，事後討論是很重要的，檢討過程中我建議不要只看不好的地方，也要看看做得好的地方，針對強項去發揮，慢慢的改善其中的不滿意，讓自己變得更好，這是在演講中增加信心的重要關鍵。

連桂慧老師的正能量小故事第52週

以我自己為例，當我還是菜鳥講師時，每個禮拜都要講課。當自己還沒有信心時，很容易看不到自己的優點，總覺得有非常多要改善的部分，甚至覺得沒有一點做得好。

我還記得，我在第一次教課後，回答指導老師說：「沒有做得好的，我只看到很多做得不好的。」然而，這位指導老師還是很堅定的說：「你先把你自己做得好的講出來。」

我的個性也挺倔的，仍然堅持己見說：「沒有做得好的，我只看到我有哪些做得很差的地方……」然後就開始講一大堆自己做得不好的點，越講越挫折，最後還說：「我覺得下個禮拜我不要上台了，讓你上台就夠了，不然我做得很差。」

結果，指導我的老師給我很沉穩的回覆：「我發現你很會說故事，還有在回饋學員時，給的答案非常到位。」他告訴我，他發現我做得好的兩點，接著又說：「你要善用自己的強項，這樣才能改善你覺得不滿意的地方。」

這簡單的幾句話對我來說非常有幫助，他讓我知道，原來我的強項是說故事，還有給學員回饋的答案很精準。因此我在聽完之後，沒有再吵著說下週不想上台了。

此後，每當我在做課前準備時，就會從自己的強項去發揮。結果證明，在下一次的課堂上，我的表現的確有所進步。

結語 每天給自己和週遭正能量，跟抱怨、憂鬱說拜拜！

想要保持正能量很不容易，每天都會有不同事情發生，面臨不同考驗，其實還是可以做得到的。

記得二〇一〇年我回到台灣工作，有次在教學時，某位學員給我很大的啟發。當時臉書正盛行，他和我說，他與他的同仁之間有一個群組。他是一位很年輕的主管，所以非常鼓勵同仁勇於表達自己的想法。

但是他發現有位資深同仁很負面，雖然工作做得很好，很盡心負責，可是常常會在群組裡指桑罵槐的去說別人扯後腿，或是說怎麼有人那麼笨，怎麼教都教不會，所以今天的工作才會不了了之等等。

這位學員說他雖然鼓勵大家發言，可是這個人已經影響到團隊，讓大家士氣低迷，所以他很希望那位同仁來上卡內基，如果依然沒辦法改善，他考慮要讓這個人離開。

我聽完感覺很心痛，那位同仁在公司這麼多年，能力又好，但他的負面想法，影響了別人對他的觀感，甚至大家不一定有去感謝他。有時我們可能只是說出自己的想法，想講什麼就講什麼，可是講出來的東西影響的卻不只自己。

藉由這件事，我便開始觀察臉書，發現真的很多人在抱怨，不管是抱怨家人或是公司。這樣的抱怨究竟是希望得到什麼樣的支持、認同還是同情呢？因此我決定要做一件不一樣的事，就是每天都給自己一個正能量的總結。

不管今天發生什麼事，在晚上睡前一定用一個正能量做結尾，即使今天發生很負面，讓自己不愉快的事，我也要提醒自己，正面去看待。

這麼做很好，每天把它寫下，就像在鼓勵、提醒自己，不要陷入情緒低迷的迴圈，就算有也一定要想辦法拉起來。現在回頭再看自己每天寫的東西，會發現無時無刻的鼓勵都是有用的。

後來常有學員留言說：「老師你今天講的，剛好是我的心情。」

或許我們遇到的事情相似，每天的生活不就是這樣嗎？我們都是平凡人，遇到類似的事也不為過，只是用什麼方法讓自己開心，甚至正面的去處理，才是關鍵。

記得，每天給自己一個正能量的總結。

結語 每天給自己和週遭正能量，跟抱怨、憂鬱說拜拜！

國家圖書館出版品預行編目(CIP)資料

如何每天都來一點正能量：1小時學會，卡內基的4種「說故事」感染力！／連桂慧著. -- 臺北市：大樂文化，2017.03

面；　公分. --（Business）

ISBN 978-986-94204-2-6（平裝）

1.溝通　2.人際關係

177.1　　106000465

Business 021

如何每天都來一點正能量

1小時學會，卡內基的4種「說故事」感染力！

作　　者／連桂慧
封面設計／江慧雯
內頁排版／顏麟驊
內頁插畫／翔龍
製作協力／王文娟、洪玉涵、莊凱安
責任編輯／簡孟羽
主　　編／皮海屏
圖書企劃／張硯甯
發行專員／張允謙
會計經理／陳碧蘭
發行經理／高世權、呂和儒
總編輯、總經理／蔡連壽

出 版 者／大樂文化有限公司（優渥誌）
台北市100衡陽路20號3樓
電話：(02)2389-8972
傳真：(02)2388-8286
詢問購書相關資訊請洽：2389-8972
郵政劃撥帳號／50211045　戶名／大樂文化有限公司

香港發行／豐達出版發行有限公司
地址：香港柴灣永泰道70號柴灣工業城2期1805室
電話：852-2172 6513　傳真：852-2172 4355

法律顧問／第一國際法律事務所余淑杏律師
印　　刷／科億印刷股份有限公司

出版日期／2017年3月27日
定　　價／300元（缺頁或損毀的書，請寄回更換）
I S B N　978-986-94204-2-6